大学生创新创业能力培养研究

李寒佳　龙雯 ◎ 著

首都经济贸易大学出版社
Capital University of Economics and Business Press

·北京·

图书在版编目（CIP）数据

大学生创新创业能力培养研究 / 李寒佳，龙雯著. -- 北京 : 首都经济贸易大学出版社, 2025. 2. -- ISBN 978-7-5638-3755-7

Ⅰ. G647.38

中国国家版本馆 CIP 数据核字第 2024KC6586 号

大学生创新创业能力培养研究
DAXUESHENG CHUANGXIN CHUANGYE NENGLI PEIYANG YANJIU
李寒佳　龙　雯　著

责任编辑	韩　泽
封面设计	砚祥志远·激光照排　TEL: 010-65976003
出版发行	首都经济贸易大学出版社
地　　址	北京市朝阳区红庙（邮编 100026）
电　　话	(010) 65976483　65065761　65071505（传真）
网　　址	http://www.sjmcb.cueb.edu.cn
经　　销	全国新华书店
照　　排	北京砚祥志远激光照排技术有限公司
印　　刷	北京九州迅驰传媒文化有限公司
成品尺寸	170 毫米×240 毫米　1/16
字　　数	181 千字
印　　张	11.75
版　　次	2025 年 2 月第 1 版
印　　次	2025 年 2 月第 1 次印刷
书　　号	ISBN 978-7-5638-3755-7
定　　价	54.00 元

图书印装若有质量问题，本社负责调换

版权所有　侵权必究

前　言

我国高等教育正在持续发展，高校毕业生数量在逐年增加，大学生的就业压力也达到了前所未有的高度。随着我国社会主义市场经济的持续发展和完善，强化对高校大学生创新创业能力的培养，不仅是构建创新型国家的必然要求，也是推动国家实施创新驱动发展战略、推动经济提质增效升级的必然要求，更是推动高校大学生就业的关键因素。这就要求大学生具备较强的综合素质和综合能力，以应对当前的社会现实和未来的各种挑战。伴随着国家"大众创业，万众创新"等一系列政策的出台，高校大学生加入创新创业大军的人数也在不断增加。党的二十大对加速推进创新型国家建设作出了重要安排，这也是我们在新时代新征程上需要把握好、运用好、落实好、推进好的一项重要政治任务。怎样对大学生进行创新意识、创业精神和创业能力的培养，成为当前时代背景下一个亟待解决的问题。

《中国教育现代化2035》聚焦目前教育发展中的薄弱环节展开重要部署，一是培养学生的创新能力，二是完善创新人才的培养方式，三是构建全方位人才培养质量反馈监控体系，从而发展中国特色世界先进水平的优质教育。同时，还指出要提升一流人才培养与创新能力，优化人才培养结构，加强创新人才特别是拔尖创新人才培养，加大应用型、复合型、技术技能型人才培养比重。

《国家中长期教育改革和发展规划纲要（2010—2020年）》也明确了培养大学生职业技能、职业道德和就业创业能力的目标：立足于我国当前发展的实际情况，加强对大学生创新创业意识的培养，进一步提升大学生创新创业的能力，提高大学生的"三创"能力和精神水平，对今后的经济社会发展和提高大学生就业创业能力具有十分重要的意义。

　　创业对于大学生而言，是实现自我价值的机会，但是目前大学生缺乏社会经验，很难掌握最新的实践知识，这就导致专业教育与创新创业教育的分离；所以想要实现国家发展的目标，培养当代大学生的创新创业能力是关键。加强对当代大学生创新创业能力的培养，不仅能够加深大学生对创业知识的理解，还能够激发大学生的创新创业意识，培养大学生的综合能力和创新能力，适应我国未来社会的发展需求，为社会发展创造更多的价值，作出更大的贡献。

　　通过以上的分析与思考，可以看出目前我国高校在培养大学生创新创业能力方面有所欠缺，国内高校创新创业教育仍有很长的路要走，在借鉴的基础上，还需要探索适合我国发展的高校创新创业教育模式，不断培养大学生的创新创业能力，满足多变的市场需求，开拓新的行业领域，推动我国社会主义市场经济稳步增长。

目录 CONTENTS

1 大学生创新创业能力概述 …………………………………………… 1
   1.1 大学生创新创业能力的研究文献综述 ………………………… 1
   1.2 大学生创新创业的提出 ………………………………………… 6
   1.3 大学生创新创业能力的主要特征 ……………………………… 9
   1.4 关于大学生创新创业能力的理论概述 ………………………… 14

2 大学生创新创业能力培养的现实方向 ………………………………… 17
   2.1 大学生创新创业能力培养需具备的条件 ……………………… 17
   2.2 大学生创新创业能力培养的主要内容 ………………………… 27
   2.3 大学生的创业机会与风险识别 ………………………………… 33
   2.4 大学生的创业资源 ……………………………………………… 40
   2.5 大学生创新创业能力的教育实践路径 ………………………… 61

3 大学生创新创业价值观塑造 …………………………………………… 80
   3.1 大学生创新创业价值观塑造的必要性 ………………………… 80
   3.2 新时代大学生创新创业价值观塑造的主要维度 ……………… 82
   3.3 新时代大学生创新创业价值观的新要求 ……………………… 93
   3.4 大学生创新创业价值观的现实困境 …………………………… 95
   3.5 思想基石——大学生创新创业价值观的教育实现 …………… 104

4 大学生创新创业能力培养的基本路径 …………………… 121
4.1 多元结合推进大学生创新创业扶持力度升级 ………… 121
4.2 构建专业背景的创新创业提升路径 …………………… 139
4.3 大学生创新创业能力的实践探索 ……………………… 154

5 大学生创新创业能力的评价机制 …………………………… 162
5.1 现行大学生创新创业能力的主要评价维度 …………… 162
5.2 大学生创新创业能力的影响因素 ……………………… 168

结　语 …………………………………………………………… 176

参考文献 ………………………………………………………… 178

1 大学生创新创业能力概述

1.1 大学生创新创业能力的研究文献综述

随着 2015 年国务院发布《关于深化高等学校创新创业教育改革的实施意见》，近年来各省市不断加强对大学生创新创业教育的支持力度。根据麦克思研究院联合中国社科院 2017 年发布的《中国大学生就业报告》中的相关数据，可以发现中国大学生毕业即创业比例从 2011 届的 1.6% 上升到 2017 届的 3.0%，2017 年有超过 20 万的大学毕业生选择创业。由此可见，大学生已经成为创新创业活动的生力军。影响大学生创新创业能力形成的因素是多方面的，大学生创新创业能力的培养也需要多方面的协同。但由于各学者研究角度与侧重点不同，对大学生创新创业能力的研究至今未形成一个统一的框架，因此本书将从个体因素和环境因素两个层面，对研究大学生创新创业能力的文献进行回顾与梳理，对影响大学生创新创业活动的因素进行全面的分析。

1.1.1 创新创业能力的定义

从现有文献来看，目前对于大学生创新创业能力的定义可以大致分为个体特质和创业过程两个方面。个体特质由两部分构成，第一部分是先天形成的个体背景，包括家庭教育、思想性格、心理特征等；第二部分是通过后天培养形成的个人能力，包括创新创业思维能力、创业知识与经验等。2002 年，高耀丽指出，创业能力是指将自己或他人的科研成果或市场创意转为现实生产力的能力。邹建芬等认为，大学生创业能力是指创办企业过程中所具备的能够经营管理企业的能力，应该包括创新能力、利用知识的能力以及综合性能力。杨志雄根据美国心理学家 Sternberg 的三元智力理论，将大学生创业能力的内涵定义为创造力、智力、知识、思维模式、人格和环境因素。综合上述几个方面的定义，本书将创新创业的能力定义为：通过大学生创新创业教育获取相关知识，形成创新创业思想，并通过科学的研究与实践，将思想转化为创新创业成果的能力。

1.1.2 大学生创新创业的影响因素

影响大学生创新创业能力形成的因素是多方面的，对这一过程影响因素的研究，可以从微观和宏观两个层面展开。目前学者多集中于对微观层面的个体因素进行研究，缺少宏观层面的综合分析。在已有文献的基础上，将影响大学生创新创业的因素分为内部的个体因素和外部的环境因素两个方面，并将微观层面的个体因素和宏观层面的社会因素结合起来，进行多角度的分析。

1.1.2.1 内部因素

内部因素指影响大学生创新创业能力的个体因素，主要探究创业意愿、创新创业素质和个性背景对其创新创业能力培养的影响。其中，创业意愿作为创业活动的前提，对创新创业能力的培养至关重要。

在探究内部因素对创新创业能力影响的文献中，杨志雄认为创业力是大学生创业者应对创业过程中遭遇的各种压力的内生能力，并提出影响高职大学生创业力的因素有创业驱动力、资源获取力、知识运用力以及风险承受力。余华东提出创新能力由创新思维能力、非智力因素与创新实践能力构成并受其影响。行成于思，行为的创新始于思维的创新，作为创新初始的关键一环，大学生创新思维能力的形成是一个长期积累的过程。创新创业综合素质还包括专利能力，刘介明认为，大学生专利意识与专利素养是创新意识与创新素养的重要内容。

1.1.2.2 外部因素

关于外部环境对大学生创新创业能力的影响，研究主要集中在高校教育体系、社会氛围以及政府政策支持等方面对其创新创业积极性和能力的影响。学校教育、社会环境等外部因素也会通过影响创新思维能力的形成进一步对大学生的创新创业能力产生影响。李存金等通过实证分析，指出相对于外部环境影响，学生自身维度因素对其创新思维能力的影响较大。蒋开东等根据协同理论，将教育对大学生创业能力的影响途径分为围绕创业教育的高校内部协同和政校企联动的高校外部协同两个主要部分。

综合以上对大学生创新创业能力影响因素的概述，创业意愿、创新创业综合素质、个体背景等内部因素和学校教育、家庭培养、社会支持等外部因素会通过不同的方式直接或间接地对大学生创新创业能力产生有利或不利的影响，这些因素之间也存在许多关联，在相互作用下共同作用于创新创业能力。

1.1.3 创新创业能力影响因素的结果效应

不同的影响因素主要通过两条途径作用于创新创业能力的形成：一是内部因素和外部因素直接对大学生创新创业能力的形成产生影响。二是高校教育和家庭教育等因素会通过创业意愿这个中介变量对大学生创新创业活动产生间接影响。创业意愿是创业的原始动机，并且与社会环境因素相比，个体因素对创业意愿的影响更为显著。由此可以看出，个体因素通过影响创新创业者的创业意愿，进而影响其创业行为和创新创业能力的培养。

高校教育对大学生创新思维能力的影响分为两个途径：一是围绕创业教育的高校内部协同。二是政校企联动的高校外部协同。高校与企业通过校企联合机制，为大学生创新创业实践提供创业孵化平台以及加快其创新成果的转化；政府可以为大学生创业活动提供保障与扶持，有利于创新创业人才的培养。

1.1.4 国内外研究综述

1.1.4.1 国内研究综述

国内学人针对大学生这一最具创新与创业潜力的群体进行了大量研

究。根据现有文献检索显示，近十年间关于大学生创新能力的相关文献计有1.2万余篇，相关主题十余类，关注度呈逐年上升趋势。

关于创新能力内涵的理论研究。从现有对以"创新能力"为主题的文献整理来看，研究者大都首先注意对"创新""创业""创新能力""创新潜能"等概念的界定。王秀梅强调创新能力离不开智力活动，但创新能力不仅仅是智力活动，更是一种主动创新的意识、一种积极探索问题的心理取向和精神状态。罗军飞认为，"创新"并非仅仅是新思想、新行动，而是把它们应用推广到现实生活中同时得到相当数量的人群认可的活动，是改变社会文化和生产方式并获得重要成果的变革过程。张玉利和陈寒松认为，"创业"是在资源高度约束的条件下创建新企业并确保其稳定发展的行为，与"创新"之间的关联则体现在创业可归属为一种经营行为，但其更多地侧重于早期的识别和开发、创新和创造价值方面。对此，林文伟认为，创业的本质是一种新价值的创造活动，即创新活动，这种创新是通过创业者的创业精神体现出来的。他认为，"创新"和"创业"有互为关联的紧密关系，如果说"创新"是建设一种新的生产函数，那么"创业"就是在新的生产函数前提下进一步建立新的组织上的变量。

对于"创新能力"和"创新潜能"，也有研究者做出精确区分。陈林海等提出"创新能力"是指具有创新潜能的个体在自身意识的作用下，通过不懈努力而产生某种被社会高度认可的高价值的作品的能力，这种"创新能力"一定是体现在已经被产生出来的具有高价值的成果上。而"创新潜能"则是强调是否具备学习和研究的能力，通过大学培育形成专业领域的知识结构和实践技能，进而拥有创新作品的潜能。国内学界普遍基于国家创新创业战略框架研究创新能力概念，广泛从创业角度思考创新定义，认为创新是创业的灵魂，创业的成败往往取决于创新的程度，研究大多数将大学生创新直接与社会层面相联系，而国外学者多从校园、院系、教师乃至个性化授课方式等更为微观的层次进行研究，这也造成国内关于创新能力研究的定义、内涵与国外概念存在微妙的差别。

1.1.4.2 国外研究综述

自熊彼特完整论述创新对组织的重要意义后，随着研究的深入，国外学界逐渐把对创新能力理论的研究主战场由公司转移到学校，学校将成为创新性思想的发源地。西方教育系统意识到发展学生的创新能力对学生毕业后成功参与经济与社会领域意义重大，因此大学生创新能力有效培育问题也成为国外学界研究的热点问题。

从研究内容看，即使经过国外研究者的多年研究，大学生群体创新能力培育问题也尚未得到充分的发掘与研究。已有研究集中于外部环境与学生内在潜能的交互作用之上，如 Bramwell 等人认为，学校环境是创新能力培育的最重要外在因素，教师的知识水平、动机和价值观对校园创新土壤的形成起到了关键作用。Van 的研究表明，外部环境为校园创新活动的兴起提供了重要支持平台，在此平台上，教师的个人性格和教学法也与大学生创新能力正相关，环境因素应被看作激发创造性思维的有效工具。另外，Jefrey 认为，教师的有效引导扮演了重要角色。这些研究说明大多数研究者普遍认为个体创新能力与外部环境和内在激励密切相关。

从研究方法看，大学生创新能力培育领域的研究方法也逐渐偏向实证研究。无论是 Cremin 对教学方法与大学生创新能力之间的投入产出关系的研究，还是 Mank 通过分析个人、团队与组织层次的创造力水平与美国高校创造性课程的相关程度，提出了一种集成组织与学校的培育创新能力的方法，均体现出实证分析的特点。Dan 等人在分析校园文化、创新相关课程设置、教师创新理念和创新能力关系的基础上，指出多驱动因素对创新能力的影响是混合作用的，正是这种复杂的交互结构决定了创新能力培育的效率。近年来的研究逐渐强调利用统计方法和理论模型法分析原本关系模糊的创新能力培育系统的内部运作情况，主要是利用理论法构建模型并提出假设，然后利用问卷等方法获取相关信息，进而借助数据—结构分析揭示创新能力培育系统与主要影响变量之间的关系。

1.2 大学生创新创业的提出

1.2.1 创新创业能力培养的时代背景

《关于深化高等教育教学改革的若干意见》指出："加快创新型人才培养，使创新型人才成为高等教育培养的核心目标。发扬创新创业精神，大量培养具有创新创业能力和素质的人才。"党的十九大报告也强调了"创新引领发展、知识创新支撑发展、人才是第一资源"的重要性。因此，大学生创新创业能力培养已成为高等教育不可或缺的一部分。

在当前经济深度调整和转型升级的背景下，经济社会发展对科技创新和人力资源的要求日益增加。随着科技的发展与推广，新技术和新产业不断诞生，也相应地需要更多的人才进行开发、创新和应用。大学生作为一支重要的力量，其创新创业能力的不断培养与提高，将极大地推动我国产业转型和升级的步伐。在国家大力倡导创新创业的背景下，越来越多的大学生开始加入创新创业的队伍，不论是在校内还是校外的创新创业活动中，都取得了各种各样的成果。

当今社会，经济全球化、数字化和信息化已经成为不可逆转的趋势。人力资本是社会发展的重要基础，创新创业成为越来越多人的选择。这种趋势也影响到了高等教育领域。创新创业教育在高等教育中的重要性与日俱增。在这样的背景下，大学生创新创业能力的培养已成为高等教育的重要任务之一。在当前经济深度调整和转型升级的背景下，经济社会发展对科技创新和人力资源的要求日益增加。随着科技的发展与推广，不断诞生着新技术和新产业，也相应地需要更多的人才进行开发、创新和应用。而大学生作为一支重要的力量，其创新创业能力的不断培养与提高，将极大地推动我国产业转型和升级的步伐。而在国家大力倡导创新创业的背景下，越来越多的大学生开始加入创新创业的队伍，不论是在校内还是校外的创新创业活动中，都取得了各种各样的成果。因此，大学生创新创业成为一种新的时代背景和现象。

为了适应社会的需要，高等教育的主要任务不仅是传授知识，还需要通过多方面的培养，把创新创业理念融入大学生的教育当中，并加强创新创业能力的培养，提高学生的综合素质。而大学生创新创业能力的培养，需要加强对技术、管理和市场等方面的知识学习和实践，强化团队合作和沟通能力，提高学生的综合运用能力。同时，高校也需要注意制定创新创业的指导方针和政策，完善创新创业支持的平台，从而营造出一种良好的创新创业生态。随着社会的发展，创新创业已经成为经济发展的新动力和社会的普遍期望。为了适应社会的需求，高等教育开始重视大学生创新创业能力的培养。大学生创新创业能力的培养既是高等教育的重要任务，也是对学生未来职业发展的一种重要投资。

如若从时代背景来看，以互联网为代表的新技术革命的发展，促进了很多新产业的诞生和发展，从而为创业提供了更多可能性。除此之外，互联网本身的特点，如信息交流和共享的便利性、创新和变革的速度等，也构建了一个富有活力的创新创业环境。另外，随着全球化和信息化的发展，国家经济和产业的结构发生了巨大变化，不断涌现出一批创新型企业和个人。而大学作为人才培养的重要阵地，承担着培养一代又一代创新创业人才的重要责任。近年来中国经济发展进入了新常态，经济增长的动力状况发生了变化，创新和创业对经济发展产生了越来越重要的作用。为了应对这一挑战，高等教育机构需要不断加强对大学生创新创业能力的培养，这也是当前时代条件下的一个重要动因。

因此，大学生创新创业能力的培养已经成为当前时代的必然要求。高校需要认真分析这一现象，从制度、政策、理念等方面进行深入研究，为大学生创新创业提供更好的支持。同时，大学生也需要在大学期间积极参加各种创新创业活动，争取在实践中得到成长。

1.2.2 大学生创新创业能力的基本内涵

大学生创新创业能力是当前高等教育中的热点问题，也是激励、培养和挖掘青年人才，在推动创新创业发展，推进社会经济发展方面亟待解决的重要问题。本书将通过详细解读大学生创新创业能力的基本内涵，帮助读者更深入地了解这一话题。总体来说，大学生创新创业能力的基本内涵主要包括技能、创新能力、团队协作能力、交际能力、风险意识和管理能力。大学生应该在这几个方面全面发展，培养各项能力，并在实践中不断提高自己的创新创业能力，助力自己事业的成功。

1.2.2.1 技能

大学生创新创业能力的技能基础是指具有一定的专业知识和技能。在大学学习期间，大学生通过学习专业知识，掌握分析、解决和处理问题的基本方法和技能，增强对专业理论体系的认识和掌握，具备熟练操作各种工具和设备的能力，为日后的创新探索和创业实践奠定良好的基础。

在大学生创新创业过程中，技能是非常重要的。大学生不仅需要熟悉自己所从事的行业和项目，还需要具备一定的技术和生产技能。这些技能包括研发技能、生产技能、销售技能、市场推广技能，等等。拥有这些技能，可以更好地实现创新创业，并在市场上取得优胜。

1.2.2.2 创新能力

创新能力是大学生创新创业能力的核心能力之一。它包括创新思维和创造力两个方面。创新思维是产生创意和创新的思维方式和方法，通过不断探索和学习，在发现问题、寻找解决方案、拓展思路等方面产生创意。创意是创新的基础，只有有创意的思路，才能够产生有价值的创新成果。创造力是实现创新的能力，通过对创意进行开发、细化和制造，产生真正有价值的创新成果。

在大学生的创新创业过程中，创新能力不仅体现在创造商业化的产品上，还体现在市场营销、品牌建设和组织管理等多个方面。创新能力可以获得市场的认可和争夺竞争优势，是实现创业成功的重要因素。

1.2.2.3 团队协作能力

团队协作能力是大学生创新创业过程中很重要的一环。在创业过程中，很少有人是凭借个人力量成功的，通常都是通过团队合作，利用每个人的长处，把各个方面的力量组合在一起，实现共同目标。团队协作的核心是一个团队的协调和合作，成员之间可以互相支持和帮助，分工作业，共同完成。创新创业初期可能会遇到很多困难,如果没有团队协作的支持,可能很难走下去。大学生要通过学习和实践,掌握团队协作的技巧,并发挥个人的优势,为团队做出贡献。

1.2.2.4 交际能力

交际能力是大学生创新创业过程中非常关键和必要的能力。创新创业需要资源的支持和投资者的认可,而交际能力就是获取资源和投资者认可的桥梁。良好的沟通技巧,可以让你自己的想法与别人产生共鸣,在产品、市场前景和需求等方面获得更多的认可。同时,良好的人际关系也可以为大学生创新创业带来更多的资源和合作机会。

1.2.2.5 风险意识和管理能力

风险意识和管理能力是大学生创新创业过程中需要具备的基本素质。创新创业本身带有不确定性和风险性,只有具备风险意识和管理能力,才能对市场和项目的趋势与风险进行预判和管理,制定有效的风险控制措施,以便降低风险,确保创新创业活动顺利进行,并最终获得成功。

在大学生创新创业中,要始终坚持把握市场、重视技术支持、强化团队协作、加强人际交往、注重风险意识和管理能力等方面,不断提升创新创业的能力和实践水平。

1.3 大学生创新创业能力的主要特征

1.3.1 开创性

开创性是指大学生在创新创业过程中具备的自我意识、自我能力和自主判断能力,能够独立思考、自主决策和独立实践。在当前的社会经济环境下,创新创业已经成为越来越多大学生的选择,也是推动经济发展的一大动力。大学生创新创业需要具备许多特征,而开创性特征则能够在创新创业实践中带来前所未有的突破和成就。下面从七个方面讨论大学生创新创业能力的开创性特征。

1.3.1.1 开放思维

在创新创业过程中,我们需要充分地开放思维,尤其是大学生这个群体更应该具备这样的特征,因为他们正在接触全球化的知识和信息,开放的思维能力有助于他们更迅速地适应和掌握新知识。开放的思维特征主要是指自我认知不断反思并且学习,能够开展广泛的交流与互动,有着很高的包容性,不会把自己封闭起来,而是开放自己的心态,这样才有可能在创新创业的实践中做出更多的探索和突破。

1.3.1.2 机遇洞察力

大学生创新创业需要敏锐的洞察力和快速反应能力,因为创新寻找的不仅是问题的解决方式,更是对未来发展的预见和把握,只有准确抓住机遇、察觉商机,才能在竞争激烈的市场环境中获得优势。

1.3.1.3 团队协作能力

大学生创新创业少不了团队协作,团队的整体运行效果会很大程度影响创业的进程和成果。创新创业过程中往往会面对各种各样的问题,仅凭个人是无法应对这些挑战的,只有依靠团队的力量,才能一起走向更高的高处。

1.3.1.4 创新精神

无论什么样的创业都需要一颗创新的心,创新既是突破,又是极具挑战性的过程,随时会面对各种变化,但这也是人们开拓事业之路的重要一步。切勿按部就班,而应当不断尝试创新模式和思路,寻找新的市场机会,从而把握未来的变化和发展趋势,这是创新创业的经验和法则。

1.3.1.5 问题解决能力

创新创业的过程中,大学生遇到挫折和问题是无法避免的。大学生创新创业应该要有对问题、对未知的敏感度,能够快速识别和分析问题,为团队制定正确的解决方案。通过有针对性地推进改变,简化分析过程,才能让创新创业得到进一步的精进和发展。

1.3.1.6 风险承受能力

创新创业的过程充满了各类挑战和风险。有时候一次创新创业尝试的结果可能是失败的，成功也不一定是一蹴而就的。它需要大量投入和调整，对真正的风险承受能力要有真正的认识，才能让自己不断地更新知识、寻找新的商机，就算失败，也能够更快速地复盘来改进自己，以便下次更好地尝试。

1.3.1.7 执行力

创新是重点，但是仅有一个好的创意和想法而没有转化为实际行动，也就失去了机会。大学生在创新创业的过程中，最重要的是执行力，要勇于尝试，不断去实践，有了一个好的创意就要马上开始实现。执行力的好坏是一个人成败的关键，甚至决定了一个团队的成败。

总体来说，大学生创新创业能力具有很强的开创性特征，这些开创性特征能够让大学生更深入地探索和融入创新创业领域，并在创新实践中取得更多的突破和成就，从而推动经济和社会的发展。

1.3.2 自主性

自主性是指大学生在创业过程中独立思维、自主决策和行动的能力。这种自主性能够帮助大学生更好地应对不同的挑战和困境，从而在创新和创业的过程中取得成功。

首先，自主性体现在大学生的独立思考能力上。独立思考是创新创业过程中的关键因素之一。相比于过去的教育体系，现代教育更加注重培养学生的创新能力和自主思考能力。在大学期间，学生接受的课程和学科领域非常广泛，这为他们提供了广阔的视野和知识储备。他们需要学会独立思考、分析问题，在复杂的环境中找到解决问题的方法。

其次，自主性也表现在大学生的自主决策上。在创业过程中，一个团队需要快速做出决策，并付诸行动。大学生作为团队成员，需要学会在压力和不确定性的情况下做出决策。这种自主决策力取决于大学生的信息分析能力、资源整合能力和风险识别能力。只有具备这些能力，他们才能做出有效的决策，从而推进创新创业活动。

最后，自主性还表现在大学生的行动能力上。创新创业需要大学生付诸实践，这需要他们具备勇气、行动力和自我意识。尽管创业的过程可能充满风险，但相信自己和自己的团队，勇敢地迈出第一步是非常重要的。同时，在创业过程中，大学生还需要具备灵活的应变能力和高效的执行力，以应对有可能出现的挑战和困境。

总之，自主性特征是大学生创新创业成功的关键因素。独立思考、自主决策和行动力能够帮助大学生应对创业过程中的各种挑战，从而取得成功。因此，大学教育应该更加注重培养学生的自主性特征，帮助他们在未来的创新和创业中有更好的表现。

1.3.3 实践性

实践性是指大学生在创业过程中，能够付诸实践、积极探索、学以致用，不断提高自己的实际操作能力和执行力。实践性特征是大学生创业成功的关键因素之一。

首先，实践性体现在大学生创业项目的实际应用上。创业项目只有在实际应用中得到应用、验证和不断优化，才能真正起到作用。在一个创业项目中，大学生创业者需要通过市场调研、产品设计、责任拓展等一系列实践活动来推动项目的进展。通过实践，他们可以更好地理解市场的需求，完善产品和服务的设计，探索新的商业模式和战略，提高项目的实效性和竞争力。

其次，实践性特征也体现在大学生的团队合作和协作能力上。在创新创业过程中，大学生需要与合作伙伴、投资人、政府等各方沟通协作，共同推进项目。团队协作需要大学生具备一系列实践能力，如沟通协调能力、项目管理能力、风险控制能力等。只有具备这些能力，他们才能更好地应对团队工作中出现的挑战和难点，使团队成员之间更加紧密地协作，并实现更高效的项目管理。

最后，实践性特征还体现在大学生的持续学习和自我提升能力上。在创新创业的过程中，大学生可能面临各种各样的困难和挑战，需要学会不断反思和修正自己的建议、方法和信念。大学生需要有持续学习和积极进取的精神，充分利用各种资源和机会，增强自己的知识储备和技能水平。

只有通过不断学习和自我提升，才能在创新创业中保持领先地位。

综上所述，实践性特征是帮助大学生在创新创业中取得成功的关键因素之一。创业项目的实际应用、团队合作和协作能力以及持续学习和自我提升能力，都能够为大学生创业者在竞争激烈的市场中赢得先机。因此，大学应该加强对学生实践能力的培养，提供更加具有实践性的教育和创新创业项目，帮助他们在未来的创新创业中有更好的表现。

1.3.4 风险性

风险性是指大学生在创新创业过程中，由于各种因素所带来的风险，可能会影响到创业的成功和相关的收益。这些因素涉及市场、技术、人员、资金、政策等多个方面，需要创业者具备一定的认知与应对能力。

第一，市场风险是大学生创新创业中最为常见的风险之一。创业的前提条件是市场具备可行性和潜力性，而市场风险主要指由于市场偏差、市场规模预测不准、同类产品竞争激烈等因素可能导致创业失败。特别是新兴行业、新产品、新技术的创业风险更高，因为此类市场更难预测并且竞争更加激烈。因此，创业者应该重视市场调研和分析，避免关键决策错误。

第二，技术风险也是影响大学生创新创业的一个重要风险因素。现代社会高度依赖技术化的发展，不断地创新和颠覆已经成为大众所接受的趋势。技术风险包括技术的可行性、技术的成本与有效性等多方面问题。创业者应该更多地考虑技术实用性，预判技术难度，选择技术更为成熟的项目，以增加成功率。

第三，人员风险包括管理人员和团队成员。团队和领导之间的不合作和不稳定性可能会毁掉整个创业项目。同时，人员风险也指创业者无法获得足够的人才和团队的不稳定性等。因此，创业者应该注重选择具有专业技能和经验的人员和建立稳定的团队。

第四，资金风险是创业者必须考虑的另一个重要问题，资金缺乏可能导致创业者无法大规模投资或在重要时刻无法筹集资金。特别是创业初期，在没有产生业务收入前，资金缺乏可能会使项目无法展开。创业者应该加强资本管控和资金规划以减小资金风险。

第五，政策风险也可能会对大学生创新创业带来影响，如国家的政策变化等。这些都与安全风险和可持续性有关，因此创业者应该谨慎选择创业的目标市场以及所处的地理环境。

综上所述，创新创业风险是创业者必须关注并应对的一个关键要素。市场风险、技术风险、人员风险、资金风险和政策风险是创业者必须考虑的重要因素。因此，对于创业者来说，在广泛了解市场和业务的情况下，开发创新思路并制定应对策略，建立健康的沟通机制和稳定的团队，以降低创业的风险，是持续成功的关键所在。

1.4 关于大学生创新创业能力的理论概述

1.4.1 创新能力理论

创新能力是指企业或个人在创新活动中所具备的能力和素质。它包括创意能力、创新管理能力和创新资源筹措能力等多个方面。创意能力指的是创新者在发挥想象力、推动思维跨越边界、挖掘新思路等方面的能力。创新管理能力指创新者在整合资源、组织管理、市场营销、竞争策略等方面的能力。创新资源筹措能力则指创新者在集成人力、财力、物力、信息等资源方面的能力。这些能力的不断提高和完善，与企业或个人的成长与发展密切相关。

由于市场竞争日益激烈，创新成为企业发展的重要战略方向之一。因此，创新能力的提升对企业的长远发展具有重要意义。此外，在产业结构调整和科技创新方面，创新能力同样是一个重要的关键因素。因此，创新能力理论研究及其实践应用不断深入，促进了社会创新意识的提升和市场经济的发展。

1.4.2 创业意识和创业素质理论

创业意识是指对商机的敏感度以及对商业环境和商业模式的认知，是创业者判断商业机会的主观能力和认知水平的体现。创业意识的高低直接影响创业者的判断和决策，对创业者未来的创业计划和成败都具有重要的影响。创业素质则是指创业者所具备的各种知识和能力，包括创业理念、创业策划、创业管理、市场营销等多个方面。创业者的创业素质越高，越有可能在创业过程中克服各种困难，实现创业目标。为此，在创业过程中，创业者需要具备创业意识和创业素质，才能在市场竞争中脱颖而出。创业意识和素质的提升需要创业者在行动中不断积累经验，学习创业管理相关的知识和技能，加强与行业内外专业人士的沟通交流，不断完善自己的创业方案以及与团队合作，共同开创事业。由于创业意识和创业素质是创业者创业成功的重要因素，创业者需要通过不断学习和实践，持续完善和提升自身的创业意识和创业素质，以应对日益激烈的市场竞争。

1.4.3 创新创业生态理论

创新创业生态理论是指以生态学为基础的、对于创新创业环境的理解和描述。这个理论认为创新创业是生态系统中的一部分，需要考虑许多因素，如政府政策、经济发展、创业者素质、投资者关心、消费者需求等。创新创业生态系统发生变化时，新公司和创新产品从组织和生态的全局中产生，其意义不仅限于单个创新，还在于引起整个生态系统的变革。创新创业生态系统包括各种资源和要素，如人才、资金、投资支持、技术创新、产业政策、产业领域的商业模式等。这个生态系统通过各种互动和互联的方式产生协同效应，让创业者、投资者和政府等优势力量集合在一起建立一个创新创业的生态环境。这种生态环境可以促进新兴企业和产品的发展，同时也能够带动整个产业和经济的发展。

创新创业生态理论对于我们探究创新创业的规律和成功因素具有重要的指导意义。在实践中，我们应该积极参与创新创业的生态环境，为创业者和新兴企业提供支持和帮助，推进创新创业的发展，实现经济和社会的可持续发展。

1.4.4 行为经济学

一个基本的行为经济学原理是人类决策的有限理性。在创新创业过程中，大学生面临各种不确定性，如市场需求、竞争压力、技术变革等，因此需要充分利用他们的有限理性来做出最有效的决策。

此外，大学生创新创业过程中经常会有风险和机会成本的权衡。他们需要评估利润、风险和成本之间的关系，然后做出最佳的决策。另一个重要的行为经济学原理是激励，即行为的奖励和惩罚的力量。在鼓励大学生创新创业方面，提供适当的激励和鼓励非常重要。

最后一个重要的原则是心理账户。这个原则强调，人们做决策时会把不同的收益、成本和风险放在不同的心理账户中。这个原则在创新和创业中非常重要，因为大学生需要考虑到其投资、资金来源以及市场需求等因素，决策时需要把它们合理地分配到不同的心理账户中。

1.4.5 资源依赖理论

创业过程中企业需要获得各种资源，如资金、人才、生产设备、市场信息等。但是，由于资源是有限的，而且许多重要资源比较稀缺，因此企业需要建立起良好的合作伙伴关系，并且积极开发新的合作伙伴关系。在大学生创新创业中，创业者通常需要大量的资金来启动和扩展业务。为了获得资金，创业者需要与投资者建立良好的关系，并且积极寻找新的投资机会。人力资源对于大学生创业来说尤其重要，因为大学生缺少商业经验和行业知识。

创业者可以从导师、商业孵化器、行业协会等组织中寻找合适的人才。创业者需要获取合适的生产设备，并保持与供应商的良好关系。创业者可以与设备供应商合作，以获得更好的价格和技术支持。创业者需要了解市场的需求和竞争情况，从而制定合适的市场营销策略。为了获得这些信息，创业者可以与潜在客户、供应商、渠道商和竞争对手建立联系。为此，资源依赖理论提醒创业者，要积极建立各种资源的合作伙伴关系，以获得所需的资源和支持，从而为企业的成功打下坚实的基础。

2 大学生创新创业能力培养的现实方向

2.1 大学生创新创业能力培养需具备的条件

2.1.1 科学决策能力

随着社会发展的不断加快,创新和创业成为当代大学生事业发展的重要选项和动力。在创新创业过程中,科学决策是非常重要的一步。

科学决策能力是指在面对复杂的创业困境时,在对影响因素做出科学评估的基础上,采取最佳的行动方案,以实现预定的目标。科学决策能力包括以下要素:

①评估技能。对影响决策的各种因素进行全面的分析和评估。

②解决问题的技能。对问题进行全面的思考和分析,并确定最佳的解决方案。

③行动能力。采取行动并确定有效的执行策略。

④评估后维护能力。监测执行策略,及时评估行动的结果并修正缺陷。

决策能力不仅仅是能够简单地选择行动方案,而是更多地涉及问题分析、综合评估和实施监控。科学决策需要综合运用多种决策技巧和工具,来使决策更加科学有效。

在创业过程中,决策能力是非常重要的一环。创业是伴随着风险和机遇不断变化的事业。每个决策都可能会影响到整个创业过程。如果不能准确地评估和分析各种决策的利弊得失,创业者就很可能失去成功的机会。

科学决策是成功创业所必需的,因为:

①科学决策能够发现机会。创业需要发现机会,科学决策可以准确地

检测市场趋势及潜在竞争对手,以便扭转市场。

②科学决策可以帮助减少风险。科学决策可以分析各种情况,评估行动的后果,将风险降至最低。

③科学决策可以促进企业增长。科学决策帮助企业权衡使用资源的相关收益及费用和时间因素。此外,科学决策可以促使企业持续不断地增长并推出新产品或服务。

因此,科学决策是成功创业的关键因素之一,其重要性不可小视。一个拥有科学决策能力的创业者,能够在变化无常的市场中做出明智的决策,从而使企业趋于成功。

提高大学生的科学决策能力,需要综合利用各种技巧和工具。以下是一些可能有用的技巧:

①增加知识储备。大学生需要扩大自己的知识范围和能力,通过学习和实践搭建自己的知识平台。了解市场和竞争情况,并能洞察到与业务战略相关的资源,来不断自我补充信息。

②使用数据分析工具。科学决策需要分析大量的数据,数据分析工具和软件能够帮助企业家快速处理大量的数据并在可接受的时间内提供结果,从而避免延误项目进程,加速决策进程。

③学习决策科学。决策科学是一个强大和有影响的领域,是用数据分析工具来理解和解决问题的科学方法。大学生可以参与在线或本地授课的课程,以学习更多的决策科学的技术。

④增强判断力和决策素养。增强判断力和决策素养,可以提高大学生处理问题的能力,让大学生在决策过程中发挥作用。

总之,提高大学生的科学决策能力是至关重要的,特别是在创新创业的过程中,一个拥有科学决策能力的团队,可以在市场变化无常的情况下进行持续和有效的合作。

2.1.2 运行管理能力

随着创新创业的兴起,大学生创新与创业成为普遍现象。然而,在现实生活中,小型创新多数无法走上大规模生产阶段,在创业初期也常常会出现各种问题。因此，大学生的创新创业需要更注重运行管理能力的培养。

运行管理能力是指基于一个系统或项目的生命和特性来处理日常活动所需的技能、知识和工具。这种能力用于执行和统筹良好的运行，确保各种资源在正确的时间用于正确的目的，以维护或提高系统或项目的稳定性和效益。该能力包括以下要素：

①分析技能。能够对公司的运行情况、市场趋势、竞争环境等进行分析，并基于不同的数据做出决策。

②品控技能。能够确保产品的质量，并对质量问题和废弃物进行管理。

③透明度和沟通技能。能够确保沟通渠道畅通，并有能力有效地沟通。

④领导和协调技能。能够领导和协调团队成员达到项目实现的目标。

运行管理能力是创新创业过程中一项至关重要的能力。在创业初期，一些创业公司往往会缺乏专业的运行管理，导致各种问题出现。在这种情况下，强大的运行管理能力可以保证商业运营的有效性，从而确保公司顺利发展。运行管理能力由于其特定的功能受到越来越多创业领域人士的关注，其重要性日益凸显：

①提高生产率。一个高度有效的运行管理系统可以在增加生产力的同时还能加快工作流程，提高企业的生产率。

②防止浪费。通过实施更有效率的生产计划、库存管理和质量控制，运行管理能力可以减少和避免企业内部的浪费。

③提高质量。一个高效的运行管理系统可以最大限度地提高产品的质量水平，从而保证企业在竞争市场上的地位。

④增加利润。通过效率至上的运行管理体系，可以优化企业的成本结构从而实现利润最大化。

提高大学生的运行管理能力需要有正确的方法，可以使用如下的途径：

①增加知识储备。大学生应适时进行实践，并结合技术和市场的信

息，以追求更高的运行管理能力水平。

②开展实践性的活动。大学生团队可以运用运行管理技能，开展实践性活动，并将其应用于高质量和高效率的工作中。

③学习专业应用软件。大学生可以使用运行管理工具和软件，以更快地理解、实现和跟踪运行管理过程。

④参加讲座和研讨会。大学生可以参加运行管理的相关讲座和研讨会，以深入了解最新的发展和先进的技能与知识。

其实，大学生的运营管理能力就在于实践，最好的方式就是尝试创立一个公司，从零开始。我们可以看一个成功的案例：美团点评。该公司是从一个小型创业公司开始的，如今成为中国最成功的软件创新公司之一。在成立之初，美团点评的运营管理比其他公司要更加强健。该公司引入新的商业模式，如共享经济，以减少浪费并为用户提供更多选择。美团点评创立后，采用高效的在线预订和交付方式，在营销和风险管理方面做得非常出色，在市场上具有很强的竞争力。总之，提高大学生的运行管理能力可以让他们在创新创业的过程中更加自信，更有能力抵抗外部风险，并在内部实现协调统一。通过系统地学习和逐步实践，大学生可以根据自己的具体需要和所处的市场情况，提高自己的运行管理能力，使其最大限度地实现商业价值和成功。

2.1.3 专业技术能力

随着创新创业的兴起，越来越多的大学生开始关注并投身于创新创业领域。然而，在实际的创新创业过程中，专业技术能力的缺乏往往会成为制约创新创业的一个重要问题。因此，大学生创新创业能力的培养需要注重专业技术能力的提升。

专业技术能力是指在特定领域内，具有一定专业技能和丰富的专业知识，能够处理相关技术问题的能力。具体来说，专业技术能力指的是：

①获得并掌握必要的领域知识和技能，如软件开发、机器学习、网站开发等。

②了解领域内的最新进展和技术趋势，并能够充分运用自己的专业

技能。

③具备设计和创新能力,能够对技术进行改进和优化。

④能够运用自己的专业知识与其他领域的业务需求相结合,为企业提供更好的技术解决方案。

在当今的竞争环境中,许多行业都呈现出快速的技术演进和创新发展。若没有专业技术能力的支持,创新创业就不太可能成功。专业技术能力对创新创业的重要性主要体现在以下几个方面:

①掌握行业领先技术。专业技术能力可以帮助大学生掌握最新的技术趋势和领先的技术,使其在创新创业中占据先机。

②提高产品或服务质量。产品或服务的质量往往直接影响客户体验和公司的口碑。专业技术能力的提升可以帮助大学生在设计和开发过程中解决技术问题,从而提高产品或服务的质量。

③降低成本。熟练的专业技术能力可以帮助大学生更加高效地完成任务,在同等质量的前提下降低成本,为公司节省资金和成本。

④加强创新能力。专业技术能力的提升能够帮助大学生在创新创业领域突破和解决技术问题,具备更强的创新能力和竞争优势。

提升专业技术能力需要有正确的方法和途径。以下是一些常见的提升专业技术能力的途径:

①实践。创新创业是一个重要的实践领域,需要不断的实践。大学生应当参加实践项目、竞赛,并参与创业项目的开发和实施,以增加自己的专业技能。

②学习。大学生应当积极学习行业内最新的技术趋势,以及前沿的技术平台和工具。可以通过课堂学习、网络课程、编程技术书籍等途径进行学习。

③创新思维。大学生应当积极开展创新思维和创新实践,并为公司提供创新想法和技术方案。

④学习与交流。大学生可以参加一些技术论坛、技术交流、技术会议等活动,进行交流和学习,从而提升专业技术能力。

例如,拼多多是一个现在非常成功的电商公司,该公司的成功离不开技术的支持和创新。该公司通过专业技术的积累和开发，实现了新型的社交电商模式。拼多多在流量、使用人数、交易量等方面都取得了显著的成绩。值得一提的是，拼多多的技术部门一直是该公司的核心，其技术实力是公司的优势所在。公司为每一位技术人员提供了高水平的工具、培训和工作环境，同时还吸引了众多优秀的技术人才。拼多多的成功证明了专业技术能力对于创新创业的重要性。总之，专业技术能力是大学生在创新创业过程中不可或缺的能力之一。大学生应注重提高自己的专业技术能力，不断学习和实践相关技能，结合前沿技术平台和工具，掌握领先的技术趋势，为自己的创新创业之路赢得更广泛的机遇和优势。

2.1.4 交往协调能力

大学生创新创业能力培养并不仅仅是单独的能力培养，更是需要多重能力的综合发展。作为一个创业者，交往协调能力是非常重要的一个方面。没有一个和谐、团结的创业团队，就很难实现创业的目标。

交往协调能力指的是与他人进行有效、双向和互动的沟通，以完成共同的任务或目标，并在过程中以合适的方式管理团队。交往协调能力除了包括良好的沟通技巧外，还包括零距离和多视角思考、敏锐的观察力和认知能力、具有前瞻性的逻辑思维能力、协商和妥协的能力，以及有效沟通和信任建立的能力。

首先，零距离和多视角思考是交往协调的关键。创新创业的过程中，不同的人会有不同的看法和解决问题的方式，因此领导者需要挖掘出每个团队成员的核心素质。零距离和多视角思考意味着不仅要了解自己的观点，也要了解他人的观察和想法，并对他们的想法的优先顺序做到心中有数。

其次，交往协调需要具有敏锐的观察力和认知能力。当一个领导者能在车水马龙的街头准确领会他人意图时，这种观察力会使他迅速赢得他人的信任。同时，人们对他的演讲有了更强的认知能力，从而更容易接受他的决策和领导。

再次，交往协调需要具有前瞻性的逻辑思维能力。在创业团队中，领导者需要及时察觉团队的运作状况，及时发布紧急指令，以确保团队内部能够协调处理各种突发情况。而前瞻性的逻辑思维能力，可以帮助领导者快速分析市场状况，做出最恰当的决策。

最后，交往协调需要具备协商和妥协的能力。创业需要团队一起努力，领导者需要考虑到每个人的利益和需求。因此，在处理决策时，最好的方式是通过协商和妥协来达成共识。当领导者主持这种决策时，团队会更容易接受这种决策的结果。

在创新创业过程中，交往协调能力的重要性不可小视。一个创业团队可以被视为一个复杂的系统，每个团队成员都是系统的一部分。由于每个人的价值观不同，因此可能会出现一些困难，如个人观点的冲突。如果不能有效地克服这些困难，那么创业团队的协作和合作可能会陷入僵局。如何有效地解决这些问题最终取决于团队的协调和协作能力。如果团队成员之间具有强大的交往协调能力，那么就可以通过不断沟通进行有效协商，化解矛盾，并在整个团队中产生更大的合作效果。

另外，交往协调能力也有助于建立和谐的团队文化。在创业过程中，团队成员之间的关系非常重要。强大的交往协调能力可以消除团队成员之间沟通的障碍，从而建立相互信任、尊重和支持的团队文化。这不仅可以帮助团队在创业过程中更好地实现目标，还可以提高团队成员的自我认知和学习能力。

为了有效地提高大学生创新创业能力中的交往协调能力，以下是一些可能有用的技巧：

①培养良好的沟通技巧。沟通是协调和合作的基础。通过听取团队成员的观点，表达自己的意见，领导者可以使沟通变得更加顺畅和有效。

②培养团队协作和管理能力。大学生可以组织团队建设活动，帮助团队成员建立更强的协作和管理能力，以确保整个团队取得胜利。

③降低个人固有模式的影响。人们通常都有自己的思维和决策模式，大学生应当多听多看多思考，从而作出准确的、优秀的决策。

④注重团队文化建设。每个团队成员都应该在同一文化范围内进行合作，以实现有效的沟通和协作。大学生要维护团队的文化气质，从而使每

个成员都感到舒服和自信，使团队充满凝聚力。

在提高交往协调能力的过程中，团队领导者应该做出重要的保障：为团队提供彼此信任、宽容和支持的环境，因此团队领导者必须保证团队的目标是一致的，并采取措施来营造一个稳定和积极的发展环境，在这种环境中，团队成员能够充分发挥各自的素质和能力，为实现共同目标而努力奋斗。

2.1.5 临机决断能力

大学生创新创业是一个风险和变化多样的领域，需要有临机决断能力作为支撑。临机决断能力是指在临时和不可预测的情况下做出决策和行动的能力。这种能力是创新和创业必不可少的，它能够帮助大学生创新创业时快速做出决策，并应对突发情况。

临机决断能力是对不可预测事件做出及时、迅速、科学、合理的决策并行动的能力。具体来说，临机决断能力包括以下几个方面：

①观察和分析。能够迅速观察和分析相关情况，找到问题和解决办法。

②判断和决策。能够根据现有条件，做出科学、合理的决策和判断。

③行动和执行。能够快速、有序地组织行动和执行。

④跟进和总结。能够对决策和行动进行跟进和总结，发现和解决问题。

创新创业是一个需要快速决策和行动的领域，因此临机决断能力对于创新创业非常重要。临机决断能力的提升可以改善创新创业过程中的以下问题：

①降低风险。在创业过程中，很难避免一些突发状况和意外情况的出现。临机决断能力可以让大学生在面对突发状况时迅速做出决策和行动，从而降低风险。

②创新创业效率。临机决断能力可以提高大学生的工作效率，快速解决问题，使创业过程更加高效。

③把握机会。创新创业时机非常重要，机会往往只有一次。临机决断能力可以帮助大学生快速判断和抓住机会。

④增加竞争力。临机决断能力强的大学生可以更高效地完成工作，抓住机会，增加自己的创新创业竞争力。

提升临机决断能力需要有正确的方法和途径。以下是一些常见的提升临机决断能力的途径：

①增长见识。大学生应当扩大视野，了解更多的知识和信息，观察和分析情况，锻炼提出问题和解决问题的能力。

②学习和实践。大学生可以通过学习和实践培养自己的临机决断能力，包括参加模拟创业、虚拟商战、竞赛等活动，锻炼自己的全面素质和协作能力。

③跟导师、企业家等学习。大学生可以及时和导师、企业家等交流，了解创业者发展路径以及相关政策法规，从中获得积极面对挑战、制订计划和努力奋斗的信心和动力。

④总结实践经验。在实践中及时总结经验，找出不足之处，为以后做出更好的决策提供参考并积累经验。

阿里巴巴集团创始人马云曾经说过："没有什么是无法做出决策的，最坏的结果是失败，以后再来。"马云的这种精神反映了他强大的临机决断能力，在阿里巴巴的经营中也充分体现了这点，他不断尝试新的方案，及时做出改进和调整，从而帮助企业持续地获得发展。临机决断能力是大学生在创新创业过程中需要大量实践和提高的能力之一。大学生应该通过多方面的途径提高自己的临机决断能力，注重观察、分析、判断、决策、行动和跟进总结等能力的培养，从而提升在创新创业领域的竞争力和实践经验。

2.1.6 市场感知能力

市场感知能力是指大学生在创新创业过程中发现和了解市场需求的能力。它是创新创业过程中非常重要的一环，因为只有了解市场需求，才能制订适当的商业计划和策略，进而满足市场需求，获取利润和市场份额。

市场感知能力是指了解和理解市场，并且正确分析、判断和评估市场需求的能力。具体来说，市场感知能力包括以下几个方面：

①了解市场。大学生要了解市场的基本信息，包括市场规模、消费群体、竞争情况等。

②分析市场。大学生需要分析市场的需求和趋势，掌握行业的发展状况和市场机遇等。

③判断市场。大学生需要对市场进行全面、深入和客观的评估，包括市场的刚性需求和软性需求等。

④评估市场。大学生还需要对市场的需求做出评估，根据市场情况调整企业发展战略和商业计划。

市场感知能力是创新创业成功的重要因素之一。它能够帮助大学生判断市场发展趋势、消费者需求和产品定位等，从而制订合适的商业计划和策略。市场感知能力对创新创业的重要性体现在以下几个方面：

①提高市场竞争力。市场感知能力强的大学生能够更准确地了解市场需求，更好地满足消费者的需求，从而提高企业的竞争力。

②降低市场风险。市场感知能力强的大学生能够及时了解市场风险和变化，从而及时调整企业战略和经营方向，降低企业的市场风险。

③提高市场占有率。市场感知能力强的大学生能够更好地抓住市场机会，有针对性地制订营销策略，从而提高企业的市场占有率。

④推动企业发展。市场感知能力强的大学生能够及时跟上市场发展的步伐，制定适应市场的经营战略，从而推动企业的不断发展。

提升市场感知能力需要有正确的方法和途径。以下是一些常见的提升市场感知能力的途径：

①学习市场分析和研究。大学生可以通过学习市场分析和研究方法，提高自己的市场感知能力。

②调查市场需求。大学生可以开展市场调研，了解消费者的购买意愿、偏好和需求等，从而更好地满足市场需求。

③测量市场趋势。大学生可以关注市场趋势，了解行业的发展潜力和市场机会，从而制订合适的商业计划和策略。

④参加商业竞赛。大学生可以参加商业竞赛，从中学习市场感知、分析和判断等能力，锻炼自己的市场竞争力。

美团创始人王兴曾表示，创业之前，他曾经到处调查市场，走访多家餐厅，认真地了解消费者需求和餐饮行业的现状。这种市场感知能力为他创立美团提供了很好的基础，让他能够更好地把握市场机会。市场感知能力是大学生在创新创业过程中需要大量实践和提高的能力之一。大学生应该通过多方面的途径提高自己的市场感知能力，注重了解、分析、判断、评估等能力的培养，从而提高在创新创业领域的竞争力和市场占有率。

2.2 大学生创新创业能力培养的主要内容

2.2.1 打造大学生的创业者特质

作为当代社会的主力军和未来的栋梁，大学生的创业能力与素质不仅关乎自身未来的成长，也直接影响着国家的创新创业发展。打造大学生的创业者特质，是提高创新创业素质的重要途径。

2.2.1.1 寻找创业机会的眼光

创业的第一步是要有寻找创业机会的眼光。大学生在创业过程中，需要具备敏锐的洞察力，善于发现市场缺口，以及掌握行业发展方向和趋势。这能够帮助他们及时抓住市场机遇，创造二次创新的产品或服务。创新思维是寻找机会所不可缺少的能力。大学生需要养成开放的心态，不断敢于提出不同的想法和观点，同时学习不同领域的知识和技能，并结合实际情况进行创新。市场调研是寻找机会的重要方法之一。大学生应该学习如何开展市场调研，如何分析和评估市场需求等，以提高自己对市场的敏感度和分析能力。参加商业拓展活动，学习商业营销策略，可以帮助大学生提高市场洞察和判断能力，发现各种商业机会，并加强与业内人士交流的能力，了解各个行业的最新动态。

2.2.1.2 承担风险的能力

创业往往伴随着高风险和不确定性，具备承担风险的能力是重要的创业者特质之一。大学生在创业过程中，需要不断学习和磨砺自身的行动力和勇气，加强自身的资源整合和运用能力。在创业过程中，大学生需要独立思考，寻找自己的创业思路和理念。培养自己的独立思考能力并以此取得商业成功，能够增强其信心和承担风险的能力。学习其他人创业成功和失败的经验，对大学生分析风险和规避风险具有非常大的帮助，因为这能够让他们更好地了解商业成功和失败的因素，更好地制订新的创业创新计划，并以此增强承担风险的意识。拓展资源是创业中必不可少的能力之一。大学生要不断尝试，寻找和建立自己的相关资源，如人脉、资金、技术等，以便在企业的发展和运营中时得到相应的支持和帮助，从而减少创业风险和引领成功。

2.2.1.3 追求创新的意识

创新创业并不是跟随市场的想法和模式，而是适时的创新思维和商业策略。大学生作为未来的创业家，更需要具备创新意识和创新素质，以跑在市场和竞争前沿。大学生应该保持好学的心态，不断学习创新和创业方面的知识和技能，并坚持对市场发展状况的不断认识和判断，以实现商业的创新与突破。创业不是一个人的事，大学生要与同行或者专业人员进行合作，通过多元化的思维交流和专业知识的完善，以达到新的突破和创新方案。现代社会信息技术和传媒水平不断提升，我国已经成为全球迅速发展的信息体系。大学生要能够合理运用这些技术，把握市场趋势和标准。

2.2.1.4 优秀的商业管理能力

大学生的商业管理能力对创业成功帮助颇多。商业管理能力越强，企业运营越顺畅，感知市场需求及分析解决问题的能力就可以更快地实现成功。商业管理是创业管理的常理和规范。学习商业管理知识，可以帮助大学生更好地管理企业，提高企业管理水平和专业素质。组建一个精干高效、协作落实的管理团队，能帮助大学生更专业、更高效地发展企业，并且长期稳定地经营。提高全球市场竞争力的关键技术和理念，是创新创业的重要战略和创新方向。大学生要善于利用前沿科技和先进理念，从而为企业带来更大的创新转型和发展机遇。

2.2.1.5 持续学习和增强自我修养

持续学习和不断提高自我修养是打造大学生创业者特质的重要前提。创新创业一直是非常重要的，是一个不断发展和完善的过程。大学生需要不断学习和更新知识与技能，并且扩大视野，更好地为未来职业道路的不断发展做好准备。学习商业理论和实践领域，可以为大学生建立起来所缺乏的专业知识，同时也能与创业现场结合处理问题，从而真正懂得创业的本质和重要性。通过加入创业团队、参加校园企业赛和商业社区活动，可以认识更多的创业者和专业人士，并建立自己的人脉网络，进而以此为契机发掘更多机遇。坚持自我修养是创业者非常重要的一项精神素质。大学生需要面对各种复杂的工作和人际关系，通过增强自己的人格力量，更加坚定自己的目标和愿望。

打造大学生的创业者特质是一项长期、复杂的任务，需要从各个方面建立人才培养体系，充分发挥大学校园创新创业孵化的平台，创造更多机遇为学子的创新创业提供保障，让大学生群体从中受益。这样才能够促进更多的大学生积极行动，为我国创新创业事业贡献更大的力量。

2.2.2 明确创业过程能力培养导向

随着就业形势的严峻和市场竞争的加剧，越来越多的大学生开始选择创业。大学生的创业意愿增加，但是他们的能力并不完全满足市场需求。因此，大学生的创业过程能力培养非常关键。

2.2.2.1 创意生成阶段能力培养

创意生成阶段是创业过程中最关键的阶段，决定一个企业是否能够进行下去。因此，在这个阶段，大学生需要拥有一定的创意生成能力和创意评估能力。

创意生成能力，即注重创意的开放性、多样性和连续性。要想具备创业能力，大学生需要具备开放的心态，不断地开阔视野，充分发挥想象力和创造力，制定独特、有创意的创业创新思路。

创意评估能力，即大学生需要对创意进行评估，判断其可行性。这时候需要大学生学会市场调研，分析市场需求、现有产品或服务的不足之处，并且评估自己的创意是否能够满足这些需求，是否具有可行性和前景。

2.2.2.2 项目选题阶段能力培养

项目选题阶段是创业过程中的第二个重要阶段，它决定今后企业的发展方向。大学生在这个时候需要具备项目选题能力和资金筹集能力等。

项目选题能力，即大学生需要在众多的项目中进行筛选，选择最适合自己的创业项目。这时候需要大学生关注市场信息和趋势，选择有市场前景、带有传统升级或者是创新创业的项目。

资金筹集能力，即创业最关键的是资金，创业者需要进行资金筹集，大学生可以通过家族创业、社会融资、天使投资人等方式进行资金筹集。在资金筹集中，大学生需要掌握筹资技巧和方法，包括如何制订筹资计划、如何制定投资方案等。

2.2.2.3 初创阶段能力培养

初创阶段是大学生创业中的第三个阶段，这时候大学生需要具备市场拓展能力和管理能力。

市场拓展能力，即创业初期的市场拓展非常重要，大学生需要不断拓展市场，了解市场需求，开发客户，形成自己的流量。在市场拓展中，大学生需要一定的市场关系和销售能力，这些需要在实践中逐渐提高。

管理能力，即随着企业的发展，管理能力成为创业者必备的技能之一。管理能力包括具备团队建设和管理能力、协调和沟通能力、决策和执行能力等。大学生需要学会人才激励、资源整合、风险管理等管理技巧，以应对企业发展过程中所面临的风险和挑战。

2.2.2.4 成长阶段能力培养

在成长阶段，大学生需要更加专业化和科学化地进行市场营销，包括选择更多的销售渠道、推销新的产品或服务、加强品牌宣传等。这时候大学生需要加强市场调研和分析，确定更加针对市场的营销策略。成长阶段的企业需要有更长远的战略规划思维，为企业未来发展指明方向。大学生需要学会制订合理的战略规划,并不断总结经验,不断调整和完善企业发展战略。

2.2.2.5 壮大阶段能力培养

当企业进入壮大阶段时,大学生需要具备金融管理能力和风险控制能力等。

金融管理能力,即壮大阶段的企业需要具备专业化和科学化的财务管理能力,掌握财务分析和报表编制等知识,学会科学地管理自己的资金流入流出等财务管理技巧。

风险控制能力,即壮大阶段的企业面临着较高的风险,因此需要学会对风险进行控制和管理。大学生需要学会风险防范、危机公关、风险管理等技能,并学会制订适合自己企业的风险管理计划。

总之,大学生创业者在创业过程中需要具备不同阶段的能力,因此培养大学生创业过程中所需要的能力是非常重要的。在培养过程中,大学生应该加强理论学习和实践探究,建立创业团队,选择良好的创业模式和经营策略,并结合实际情况,逐步提高自身的能力水平。同时,还要注意创业过程中的风险。

2.2.3 构建综合培养的能力框架

为了满足社会对大学生的多样化需求,大学生必须培养多元化、国际化的综合能力,方能顺应时代的发展,更好地融入社会。本节旨在构建大学生综合培养的能力框架,包括思维能力、实践能力、交往能力、领导能力、创新能力等。

2.2.3.1 思维能力

①创新思维。创新思维是指大学生在了解现有问题和情况的基础上,能够重新组合和利用信息,快速有效地寻找解决当前问题的方法。创新思维包括开拓性、敏感性和包容性。大学生可以通过参加各种专业性比赛等方式锻炼创新思维。

②批判性思维。批判性思维是指对各种观点、结论进行分析检验和批

判性评估的思维方式。批判性思维需要注重数据和事实的支持,而不是简单地按照自己的模式进行思考。大学生可以通过参与辩论、阅读专业书籍、跨学科研究等方式锻炼批判性思维。

2.2.3.2 实践能力

①操作技能。操作技能是指对实践工作中各种技能的掌握和熟练运用能力。大学生可以通过在实验室进行科研实践、参加社团活动、参加实习和志愿者等方式提高自己的操作技能。

②项目管理能力。项目管理能力是指在实践活动中,大学生在时间、成本和质量等方面对项目进行有效的规划、组织、实施和监督的能力。大学生可以通过参加各种科研项目、社团活动等方式锻炼项目管理能力。

2.2.3.3 交往能力

①沟通技巧。沟通技巧包括倾听、表达、提问等方面。大学生通过沟通表达自己的想法,了解他人,在人际关系中形成良好的沟通。大学生可以通过参加英语角、辩论社、演讲比赛等方式锻炼沟通技巧。

②团队协作能力。团队协作能力是指在团体活动中与他人协同完成任务的能力。团队协作涉及领导、创新和其他多方面的技巧。大学生可以通过参加社团、队内、小组等方式锻炼团队协作能力。

2.2.3.4 领导能力

①目标制定和规划能力。领导能力涉及目标制定,并通过有效的计划和组织实现这些目标。大学生可以通过自己的行动,鼓励他人对项目的关注和参与,以此培养领导能力。

②决策能力。领导能力需要有效的决策能力。大学生可以通过参加组织或社团活动等方式锻炼决策能力。例如,组织制订活动计划、制定详细的时间表、规定表现评估机制,学生就可以在活动中按照需要做出决策。

2.2.3.5 创新能力

①自我创新。强调开拓、挑战和承担风险的自我学习和自我探索,有助于自身创新能力的发展。开设个人博客,写作各种有创意的文章,有助于大学生的自我创新能力得到锻炼和提高。

②社会责任。大学生应当具有社会意识和社会责任感,注重社会服务和应用创新等方面的研究。例如,通过参加各种跨越专业领域的比赛和活动,帮助大学生了解各种社会问题,并提供解决方案。

总之,构建大学生综合培养的能力框架是非常重要的。这是确保大学生在完成学业后更好地融入社会并成为有价值和有贡献的人的关键因素之一。同时,在培养大学生的综合能力时,需要采取多种方式,如根据自身情况选择适当的课程、参加社会实践活动、加入社团团队等。

2.3 大学生的创业机会与风险识别

2.3.1 创业机会的概述

创业机会是指在外部或内部的变化、改变或已有发展的基础上,在某个特定时期,存在于某个商业市场、技术、服务并使投资者获得经济效益的有限时期的多种资源、技术、能力和组织等元素的一种状态、价值和可能性。创业机会不仅意味着市场优势和潜在利益,还包括使得创业公司具有竞争力的其他外部条件。

例如,谷歌的搜索引擎就是一个非常成功的创业机会。当时有许多类似的搜索引擎,但谷歌成功利用了一些技术突破,以自己独特的商业模式而获得了巨大的成功。同样的例子还有脸书,当时也有许多社交网络,但它通过独特的发展模式和用户数据的利用而超越了所有竞争对手。

怎么才能衡量一个创业机会的真正价值呢?这通常需要观察市场和客户反应,还有一些数据分析,如商业模型和SWOT分析。

2.3.1.1 市场反应

要想知道一个创业机会的真正价值,必须看看市场反应如何。例如,是否有大量的潜在客户对该服务或产品感兴趣,是否可能在短时间内赚取高额利润。如果市场对一个创业产品没有反应,或者反应非常疲软,那么最好抛弃这个创业机会。

2.3.1.2 数据分析

创业机会评估的另一个重要因素是数据分析。这可以通过市场调研和客户分析来实现。较好的数据分析可以为创业者提供市场趋势的深入了解,可以提供基于财务模型的预期销售量和收益等。对于一些面向企业市场的创业机会,应该借助标准化的市场研究和分析方法。

2.3.1.3 商业模型

商业模型是指公司运营方式的基本描述,创业者需要确定创业产品或服务中的财务细节,如销售价格、利润率、支出结构等。商业模型分析可以协助检查市场机会,确定可行性和收入预期。商业模型分析也可以使创业者查看其前景和长期可持续性。

2.3.1.4 SWOT 分析

SWOT 分析是制定创业策略的一种有用方法。它包括一个公司的内部环境,即强度(Strengths)和弱点(Weaknesses)的分析以及外部环境的威胁(Threats)和机会(Opportunities)的分析。该模型可以协助创业者了解自己的优势和劣势,比较市面上各种市场机会的最重要因素,从而做出最佳的创业行动。

总之,创业者需要时刻精心评估新的市场机会,以便选择最佳的创业项目,以获得最大的潜在成功,最大限度地减少风险。找到一个好的市场机会是一项艰巨的任务,需要创业者积极主动地去研究和分析,只有这样才有望实现商业成功。

2.3.2 创业机会的类型

创业机会可以根据不同的标准进行分类,具体分为市场机会、技术机会、社会机会、商业模式机会、专利机会、财务机会、转型机会等。下面分别介绍,帮助初入创业领域的大学生更全面地了解不同类型的创业机会。

2.3.2.1 市场机会

市场机会是指显示出一定的商机,尚未被满足或被充分发展的需求。

也就是说，市场机会是指有很多人或企业需要一种特定的产品或服务，但市场上还没有满足他们这个需要的企业或产品。市场机会通常来自新市场、跨国市场等方面，它需要创新和敏锐的市场洞察力。

2.3.2.2 技术机会

技术机会是指通过新科技收集不同市场领域的需求，而创业者则是利用这些机会，为市场提供一种前所未见的技术产品或解决方案。通常情况下，技术机会是由于其他技术无法满足某个领域的需要，而使得该领域需要一些创新性的、基于前沿技术的解决方案。

2.3.2.3 社会机会

社会机会是指由社会问题而产生的潜在市场机会。社会机会可以表现为社会问题、民间组织、政府政策或民间发展等方面。例如，如今越加严重的环保问题、恰当的医疗保健、持续发展的教育、全球数字化转型的需要等，都是社会机会的一些例子。

2.3.2.4 商业模式机会

商业模式机会是指现有的商业模式中的某些缺陷或潜在的不同之处，可以为新型创业公司提供长久良好的机会。一些商业模式相对于其他商业模式可能拥有更高的利润或社会贡献，也可能相对更具有透明度和可持续性。例如，共享经济模式、在线平台模式、直接销售模式等商业模式就展现出超越传统模式的生长状况。

2.3.2.5 专利机会

专利机会通常是企业或个人在申请专利过程中发现的机会。专利权人可授权他人使用专利并收取费用，也可将专利转让给他人。

2.3.2.6 财务机会

财务机会是指一些较高的收益率或投资交叉行业的机会。这种机会需要在市场和行业分析方面进行充分研究，以降低投资风险，同时可以从高收益性的机会中获得丰厚的盈利。

2.3.2.7 转型机会

转型机会是指通过新的商业模式，将一项产品或服务转换到新的市场。例如，一家软件公司可以将它的产品从企业市场转移到大众市场。

总之，创业机会是一种广泛意义上的概念，涉及多个方面。大学生创业者必须了解这些不同类型的机会，以便为自己的创业公司找到最适合的机会，并从中获得最大的成功。了解不同类型的创业机会是实现这个目标的首要步骤。

2.3.3 创业机会的来源与风险识别

随着国家对创业的大力支持，越来越多的大学生开始尝试走创业之路。对于大学生来说，寻找好的创业机会是创业的第一步，而风险识别则是创业路上的重要一环。下面对大学生如何寻找创业机会以及如何对风险进行识别和评估进行详细的阐述。

2.3.3.1 寻找创业机会

①市场调研。创业机会的寻找必须从市场调研开始。在市场调研中，大学生需要收集和分析有关行业需求和现有提供商所提供产品的信息，以便创造更好的业务模式和更高质量的产品。大学生可以通过以下方式开展市场调研：

第一，对行业进行研究和分析，了解市场现状、潜在需求以及未来趋势。

第二，通过调查问卷、实地访问、交流会议等方式收集有关目标客户群的信息，了解他们的需求、痛点和优先需求。

第三，通过调查竞争对手的市场价值、目标客户、产品质量、营销策略等信息，评估行业的竞争环境和实力差距以改进自身业务。

第四，使用具有科学性、客观性的统计和数据分析方法对调研信息进行定量分析，寻找市场空缺点，并预测未来的发展方向。

②技术搜寻和创造。大学生可以通过以下方式寻找并创造创业机会：

第一，使用自己的技能或专业技能，创造出更好的业务模式或产品。

第二，在目前的市场需求下，寻找并创造出更轻便、更易用、更实用的产品或服务来满足消费者需求。

第三，运用新的技术和缺陷，挖掘业务和产品的新领域。

第四，借助互联网技术，开创全新的业务模式。

第五，开发新市场，做出创新产品。

③社会资源和合作。社会资源是创业者实现创意的必要基础之一，创业者可以通过以下方式获取社会资源：

第一，寻找合作伙伴和投资人，共同创业。

第二，运用平台网站和信息化工具，扩大业务范围和影响力。

第三，借助社交媒体，建立和经营自己的品牌形象和信誉。

第四，与行业协会和商业组织建立联系，共同探讨和解决行业发展中的问题。

2.3.3.2 风险识别与评估

①财务风险。财务风险是指在创业过程中投入的资金不能够得到回收和储备所造成的损失。创业者可以从以下几个方面预防财务风险：

第一，建立完善的财务预算和成本控制机制，对投资进行极为谨慎的分析，确保不超出自己的担负能力。

第二，建立合理、透明和优质的企业应收账款和盈利财务框架周期。

第三，考虑完成融资、贷款或其他方面的引资，以确保开展销售或促销的能力。

②产品或服务风险。在产品或服务选择和开发过程中，如果没有足够的研究和测试，创业者会面临以下重大风险：

第一，挑战市场和导致投资损失。

第二，产品或服务无法满足预定目标。

第三，其他竞争对手或行业巨头让自己处于劣势。

为了避免产品和服务风险，创业者应加强市场调查，开发更优越的产品，并测试自己的产品或服务以确保质量和客户需求的满足。

③人力资源风险。人力资源风险是指创业过程中，公司可能会面临与人有关的自然风险，包括人员和雇佣等方面的风险，如招聘员工不当可能使项目出现困难。

创业者可以采取以下措施避免人力资源风险：

第一，建立清晰的员工招聘标准，吸引优秀的志愿者，识别能够长期忠诚于企业的员工。

第二，建立良好的薪资和福利机制，提高员工的工作积极性、绩效和忠诚度。

第三，制定详细严谨的雇佣合同、友好的管理制度以及优质的培训方案，以提升员工满意度。

④市场风险。市场风险是指在创业过程中市场变化、政策调整和竞争对手等因素的不确定性。市场风险可以通过正确的策略规划和市场分析来降低。

第一，制订良好的业务计划，注重基础设施建设和前期市场渗透。

第二，跟踪和分析市场变化和竞争对手的策略，及时进行调整和优化自己的业务模式和市场定位。

第三，积极寻找和接触市场格局并建立对客户和政策等方面的敏感度。

第四，尤其注意网络和社交媒体的互动，及时获得市场的反馈和最新需求。

总之，每个好的创业机会都伴随着巨大的风险。大学生创业者需要依靠自己的市场分析和风险评估，珍惜机会和资源，并抓住每一个机会，将自己的创业事业打造成一道亮丽的风景线。

2.3.4 创业机会的评估要点

大学生作为初次创业者，拥有充足的时间、国家政策的支持、创新思维和团队合作精神等诸多优势，但是，他们在创业之前需要评估创业机会的潜力和风险，以免投入过多的时间、人力和资金，却难以获得回报。以下介绍一些大学生创业机会的评估要点。

2.3.4.1 市场研究

市场研究对创业者评估创业机会非常重要，它是了解市场需求和分析竞争对手的基础。通过市场研究，创业者可以找到他们的目标客户并发现市场的潜在机会。在市场研究过程中，创业者需要关注以下几个方面：

①市场容量。创业者需要确定所选择的市场规模和趋势。可以通过搜索类似的产品或服务、查看行业统计数据等渠道收集信息。

②竞争情况。了解该市场中的主要竞争对手，包括它们的产品、服务和定价策略等。对竞争对手的分析和比较，可以帮助创业者发现自己的优势，并制定更好的策略。

③目标客户。了解产品的潜在客户群体是非常重要的。创业者需要确定他们目标客户的需求和偏好，并思考如何满足这些需求和拓展客户群。

④市场趋势。创业者需要考虑市场趋势和预测未来的发展方向。这有助于他们制定更好的发展策略。

2.3.4.2 技术和产品

在制订公司的产品和服务计划时，创业者需要考虑以下几个方面：

①产品或服务的市场需求。提供的产品或服务是否满足市场需求，产品或服务的创新性是否能提高市场的竞争力，并使客户更愿意购买。

②产品或服务的核心竞争力。创业者需要确定产品或服务的核心竞争力，以及产品或服务的亮点。

③技术的可行性。创业者需要确定他们的技术是否具备商业化的可行性，技术的开发成本和商业化成功率是关键。

2.3.4.3 团队和管理

①团队是否稳定成熟。创业者需要考虑团队的整体素质和团队的稳定性，包括团队成员的背景、专业技能和工作能力等因素。

②管理能力。创业者需要考虑管理能力是否足够，以使团队更好地向前发展。

③资源的决定和利用。资源的获取和利用是创业者必须思考和解决的问题。

2.3.4.4 资金流动和融资

资金流动和融资是创业中的重要问题，因此创业者需要考虑他们资金的来源和融资渠道。

①创业资金。创业者需要确认创业所需的资金，并确定创业资金的来源，再进一步制订资金使用计划。

②融资方案。融资方案是创业者最感兴趣和最需要的部分，他们需要考虑融资的形式，如股权融资、借贷融资、综合融资等，以及商业计划的编写、人际关系的建立和客户开发等。

总之，创业机会的评估对大学生而言是至关重要的，这决定着创业者能否成功地推出并执行创业计划的能力。创业者需要对市场、技术、团队、管理和资本进行全面评估和分析，以进一步澄清他们的目标和进行制订具体计划。

2.4 大学生的创业资源

2.4.1 创业资源概述

随着经济和社会的快速发展，越来越多的大学生想要尝试创业，但是创业过程中的各种困难和障碍也成为他们的最大挑战。在这个过程中，资源成为大学生创业者最需要的支持和帮助。接下来，将对大学生创业资源做一个初步总结和概述。

2.4.1.1 政策资源

过去十年，中国实施了一系列支持大学生创业的政策和措施。各级政府给予创业者资金支持、税收减免、土地租赁等各种优惠政策并向其提供服务和咨询。政策资源是创业者最基本的支撑和保障，它可以降低创业者所承担的风险和成本，提供更多商业机会。因此，政策资源是大学生创业资源中最为基础的，并且也是大学生创业者项目可持续发展的保障。

2.4.1.2 资金资源

资金是创业过程中最核心的资源之一。创业者可以从以下渠道获取资金资源：

①个人资本。创业者可以通过自己的储蓄、家庭或朋友支持的资本来启动企业。

②信贷资金。银行、信用社和金融机构等可以向创业者提供贷款,用于支持新创业项目。

③风险投资。风险投资者是一些会对新开发产品、技术或服务提供投资的机构或个人。

④政府资助。政府通过一系列的资助项目,向创业者提供包括财务、区域、项目和人才等方面的资助。

2.4.1.3　技术资源

技术资源是指技术领域的知识、技能和智力资本,它对创业者非常重要。技术资源通常包括专利、设计、技术开发等方面的技术性知识,可以帮助企业更好地创造和生产各种产品和服务。技术资源也可以提供创业者工作的平台,以使创业者能够进一步发展其创新技术。

2.4.1.4　人脉资源

人脉资源是指创业者从社会网络和组织中获得的支持和帮助。人脉资源包括创业活动中认识的人、导师、投资者、商会、政府机构、同行业的企业等,它们为抵抗市场压力和风险提供了大有裨益的支持。

2.4.1.5　品牌形象资源

品牌形象资源对于创业公司而言尤为关键,有良好的品牌形象资源可以帮助创业者获得更多的顾客和市场份额,并增强企业的稳定性和竞争力。创业者需要建立充分且有效的品牌形象资源策略,以使客户对产品或服务产生价值认知和信任。

总之,大学生创业资源有着不同的类型和来源,给予创业者支持和保障。由于资源驱动的特性,创业者需要深入探究各种类型和来源的创业资源,并在其创业过程中积极寻找和利用这些资源。在这个过程中,大学生创业者应该学会避免浪费和不必要的资本出口,搭建线上线下平台,开拓知识和经验,充分利用和规范创业资源,并转换为可实际和长期稳定的商业价值。

2.4.2 创业资源的整合与利用

在创业过程中，大学生需要综合利用各种资源，才能够更好地创业成功。然而，大学生如何整合和利用创业资源，值得深入探索。

2.4.2.1 政策资源整合

政策资源是大学生创业者的基础。政府一直会关注和支持创业者，因此创业者可以通过全面了解政府政策，获得政府的帮助和支持。一般情况下，大学生创业者可以在政府网站上查找相关创业政策，并了解财政支持、税收减免等各种优惠政策。同时，创业者也需要了解电子商务、互联网和网络营销等领域的相关政策。要想整合并充分利用政策资源，创业者需要了解相关业务，包括降低寻找政策的成本和周期，获取投资资金和寻找创新能力。

2.4.2.2 人脉资源整合

人脉资源的整合与利用在整个创业过程中是非常重要的。在创业期间，创业者应该尽可能地利用人脉关系，包括与学校的同学联系，加入商会、创业俱乐部，和行业内的从业者联系。此外，创业者也可以召开会议，邀请有一定经验和资源的行业人士和成功创业者来分享其经验，并鼓励创业者通过商会和投资者识别和建立联系，以提高行业知名度和信誉。

2.4.2.3 资金资源整合

资金资源是创业过程中非常重要的一部分。为了获得资金支持，创业者可以尝试以下几种方法：

①通过个人才能获得资金。某些创业者可能具有某种专业技能并拥有雇主提供的资金支持。

②通过亲友获得资金。家人和朋友可以提供必要的资金支持，但是需要注意合理利用这样的资金。

③通过银行贷款获得资金。贷款可以为创业者提供必要的储备资金，但是创业者需要选择适合其创业状态的贷款方式。

④通过在天使投资、风险投资、股权众筹等平台上获得资金。创业者

可以在线上寻找资金支持,并通过各种方式将其吸引到自己的项目之中。

2.4.2.4　技术资源整合

技术资源一般是创业者创新实现的最关键因素之一,因此创业者需要整合和利用各种技术资源。首先,创业者可以加入技术团队或与科研机构或大公司进行合作;其次,通过技术标准化建立技术维持;最后,请专业技术团队或专业服务平台的技术专家为自己的产品提供技术支持。

2.4.2.5　知识和品牌形象资源

知识和品牌形象是创业过程中必不可少的资源,大学生创业团队的文化和氛围是很重要的。每个团队的成员都必须拥有足够的专业知识,并具备团队合作精神。创业者还应该在属于自己的公司名和商标品牌上花费充足的时间和精力,这样才能真正建立起自己的专业形象和品牌形象,从而取得各方的信赖。

总之,大学生创业者必须在创业过程中合理整合和利用不同类型的创业资源,以使其能够在市场竞争中获得成功。通过政策、人脉、资金和技术等方面的资源整合,同时还应该保障知识产权和品牌形象,才能够实现创业过程的有效性和长期性。

2.4.3　创业融资

当前,创业成为越来越多大学生的选择。然而,创业需要资金的支持,而对于大学生创业者来说,融资一直是难题。与传统的企业相比,大学生创业者更容易陷入资金储备不足的窘境,因此他们必须寻找融资渠道,以维持生存和发展。融资可以让大学生创业者提前获得资金,尽快开始业务的实施。如果拖延时间而等待自己的积蓄,在此期间被竞争者抢占先机,就会严重影响自己的发展和竞争力。同时,融资可以帮助大学生创业者扩大企业规模,扩大市场份额,探索新的业务领域,创造更多的就业机会,促进更多的经济增长。还可以帮助大学生创业者快速升级,引进更好的技术和设备,优化生产流程,提高生产效率和质量,实现更快的企业发展。此外,融资可以提高大学生创业者企业价值,帮助企业更好地发展和成长，增强企业的市场竞争力，提高企业的形象和声誉。大学生创业者的融资途径并不多，但是一些渠道可以帮助他们筹措资金。

2.4.3.1 孵化器

孵化器主要提供了办公室、技术支持、市场和投资资源、社区网络等一系列创业支持。大学生创业者可以在这里找到创业资金，进行技术研究和产品开发，进行推销和宣传，提高品牌知名度和市场占有率。

2.4.3.2 众筹

众筹是一种集资方式，它通过互联网平台，广泛地联系投资人和普通网民。众筹支持者愿意为新的创意、产品或服务投资资金，以换取股权份额或折扣优惠等形式的回报。

2.4.3.3 言之有物

言之有物是一家专注于轻资产孵化的初创企业孵化器，提供了很好的创业资源。此外，该平台还提供办公空间、技术支持、投资渠道、市场资源、法律咨询等资源，帮助大学生创业者扩大市场份额。

2.4.3.4 初创企业竞赛

在某些有资金支持的比赛中，获得的奖金可以作为启动资金用于创业。通过竞赛，大学生创业者可以获得技术帮助、市场拓展、品牌推广等优势，从而提高创新能力和竞争力，创造更多的需求和价值。

在进行融资时，大学生创业者可以选择多种方式来筹集资金。以下是一些办法：

（1）股权融资

股权融资是指大学生创业者将自己的股本分出一部分股份来进行融资。这种方法对于创业初期的公司来说是比较稳定的，而且投资人与企业的合作比较紧密，有助于企业更快地发展壮大。

（2）借贷融资

这种方法是比较常见的方式，通常是第三方机构把资金出借给企业使用，借款方需要对借款分期偿还借款本金和利息。

(3) 综合融资

这种方法是指大学生创业者采用多种融资方式,包含股票发行、长期贷款、发行企业债券、赞助、私人资本导向等。借助这种方式,可以降低融资成本、将风险分散到多个金融机构、提高企业的信誉代价、优化企业的经营流程。

总之,随着创业者数量的增加和资金的缺乏,大学生创业者融资成为目前创业过程中一个不可忽视的环节。可供选择的融资途径包括孵化器、众筹、言之有物、初创企业竞赛等,创业者可以根据自身的具体情况对融资方式和方法进行选择。我们相信,大学生创业者通过整体的努力和不断探索,一定可以顺利解决融资难题,实现自己的创业梦想。

2.4.4 大学生创业资源的优惠政策

近年来,大学生创业已经成为中国经济发展中不可忽视的一股力量,为促进大学生创业,各级政府推出了一系列优惠政策。

对于大学生来说,他们没有太多的资金来投资自己的创业项目。因此,政府的优惠政策可以有效地降低大学生创业的风险,使得大学生创业更容易、更可行。大学生创业不仅可以创造自己的业务机会,同时也可以创造就业机会,吸纳更多的劳动力就业。这对于社会的发展和稳定有着重要的作用,还可以带来新的创新和思想,激发更多的劳动力和资源,创造更多的价值,并促进经济发展和市场竞争。

针对大学生创业,政策制定的目标是为了支持其发展。主要内容如下:

①提供资金支持。政府向大学生创业提供资金支持,包括风险投资、贴息贷款和政府补助等方式。资金支持可以帮助大学生创业者更容易完成市场测试和推销,提高创业成功的概率。

②优化融资环境。政府采取措施简化创业公司的注册流程,以帮助大学生创业者更容易地通过创业业务计划书、创业投资计划书和创业项目立案等方式顺利获得创业资金。

③提供技术支持。政府提供技术支持,协助大学生创业者升级技术和

解决技术问题，与供应商、生产部门协调，协助创业者实现目标。

④促进市场竞争。政府鼓励大学生创业者在市场竞争当中发挥作用，采取措施帮助创业公司降低生产成本，提高产品质量和服务水平，以获得更多的市场份额。

政府优惠政策在大学生创业中发挥着重要作用，政策实施效果如下：

①鼓励创新创业。政策的实施促进了创业创新，为大学生创业者提供了更多的努力和机会，大学生创业者可以放心大胆地探索自己的创业业务模式，打破现有的市场壁垒，对企业实现长足发展提供必要的增长动力。

②增加社会就业。政策的实施创造了大量的就业机会，带动了产业发展，增加了社会就业人口。同时，人们的财富增长，也可以带动经济的发展和稳定。

③提高创业成功率。政策的实施使得大学生创业者进入创业市场更容易，并帮助创业企业更方便地获得资金、技术和市场资源。这样可以大大提高创业成功率，有利于创业项目的发展和成长。

总之，大学生创业政策的出台和实施是为了支持大学生实现自己的创业梦想，创造更多的就业机会和财富，进而促进中国经济的稳定和发展。政策的有效实施将对中国经济和社会的长远发展产生积极的、带动性的作用。

2.4.5 创业融资的经典案例

2.4.5.1 拼多多

拼多多是国内最大的农村电商平台之一，成立于2015年，但仅用了3年时间就取得了惊人的发展成果。在此期间，它成功获得了多轮融资，并在2018年上市成功，成为新三板以来首家成功登陆纳斯达克的企业。

①种子轮融资。在创业初期，黄峥和他的团队需要大量资金来建立产品和招聘人才。当时，他们热衷于营销，通过QQ和微信等社交媒体来寻找和吸引客户。然而，尽管拥有很高的流量和用户数量，但他们无法快速实现营收和盈利。因此，黄峥和他的团队开始寻找种子轮融资，以扩大规

模。经过不断寻找投资人，团队终于得到了由 IDG 资本领投、红杉资本参与的 1 000 万美元种子轮融资，为后续的发展奠定了基础。

②A 轮融资。拥有种子轮融资的支持和经验，拼多多开始追求更大的资金支持。2016 年，夏沫资本和联想之星创投共同领投拼多多的 A 轮融资，总金额为 1 亿元人民币。这一轮融资使拼多多得到了更多的关注和认可，也使他们的发展更加平稳。

③B 轮融资。2017 年，拼多多完成了 B 轮融资，募集超过 10 亿美元。腾讯、红杉资本、IDG 资本等一批知名创业投资纷纷加入融资行列。这一轮融资的资金将用于增加商家数量、扩大市场份额和打入二、三线城市等。

④C 轮融资。2018 年 1 月，拼多多宣布完成 C 轮融资，融资金额达 23 亿美元，总估值达到超过 300 亿美元。这次的融资由腾讯、红杉中国等一批顶级机构领投。这说明投资人对拼多多未来发展充满信心，也为拼多多的扩大、升级、改善业务等提供了强大的支持。

⑤上市。在大量融资的支持下，拼多多迅猛地成长为中国最有活力的电商平台之一。2018 年 7 月 26 日，拼多多在美国纳斯达克上市，成为新三板以来首家成功登陆美国资本市场的企业。IPO 初始股价为 19 美元/股，总市值超过 230 亿美元。上市资金将进一步支持拼多多的全球化扩张、技术创新和服务升级等。

拼多多的成功是多方面因素的结果。除了经验和创新思维之外，获得的融资支持也是促进他们发展的重要因素之一。在整个创业的过程中，每一次融资都提供了强有力的经济支持和市场认可。更重要的是，它充分展现了一个优秀团队的创业决心、勇气和毅力。

2.4.5.2　VIPKID

VIPKID 是一家提供在线英语教育的公司，创立于 2013 年，总部设在北京。该公司以其创新性的在线教育模式和高质量的授课平台而闻名。

①种子轮融资。VIPKID 由创始人李永亮和米雯娟创建于 2013 年。该创业团队最初的目标是寻找一种完全在线化的教育模式，以便于教育资源

的分配和分享。2013年12月，VIPKID获得了来自海投网（www.haitou.com）的100万元的种子轮融资。这笔资金帮助VIPKID打破了初始资金难关，并为创始团队提供了更好的营销途径。

②天使轮融资。2014年，VIPKID的业务和用户数量逐渐增长。然而，公司仍然需要大量的资金，以便更快地扩大业务。为此，VIPKID开始招募更多的投资人，并于同年获得了由北极光创投领投的A轮天使轮融资，总金额超过500万元人民币。这笔投资为VIPKID提供了更多的资源和人才，也有助于VIPKID实现更高的成长速度。

③A轮融资。随着VIPKID的影响力日益扩大，公司开始注重国际化发展，特别是在美国和加拿大市场的牢固地位。因此，VIPKID再次启动融资计划，以便拓宽业务和市场。2016年，VIPKID获得了由盈动资本领投，同时得到了凤凰资本、DFJ等风险投资机构跟投的A轮融资，总金额高达1.01亿美元。这一轮融资仅用了一个月的时间即完成，VIPKID成功将业务拓展到了全球市场，并用技术创新来不断提高教学的品质和体验。

④B轮融资。2017年，VIPKID完成了由新知集团和Techco融资的B轮融资，估值达到30亿美元。这一轮融资的目的是顺应市场需求，推动品牌升级，深化技术路线，提升服务水平和拓展市场份额等。B轮融资也标志着VIPKID成为全球最有发展潜力的在线教育公司之一。

⑤C轮融资。2018年，VIPKID宣布完成C轮融资，融资总额达5亿美元，估值达到30亿美元以上。该轮融资由Coatue Management、Tencent、Sequoia Capital China、Bertelsmann Asia Investment、Chunhua Capital等多家国内外知名机构共同投资。这次融资将用于加强产品和技术开发、提高产品和服务质量、进一步扩大国内外市场份额等。

VIPKID在短时间内取得了很大的成功，其中大量融资的支持起到了至关重要的作用。各轮融资的资金拓展了VIPKID的业务范围，加强了它在全球范围内的品牌认知，同时也在技术、人才和市场方面提供了重要支持。值得称赞的是，VIPKID的团队一直在不断尝试和创新，其创业经历有利于给其他的创业公司提供有益的启示。

2.4.5.3 蔚来

蔚来汽车是中国顶尖的新能源汽车制造商之一，蔚来汽车的愿景是"重新定义汽车企业、重新定义乘客经验、重新定义未来"，在新能源汽车的领域持续探索和创新，致力成为全球领先的智能电动汽车制造商。

2014年，蔚来汽车成立，由李斌创立，最初的资本主要来源于他个人的财富以及亲朋好友的资金支持，包括息壤资本、宝能集团等。

2016年，蔚来汽车宣布获得由高盛、中国国际金融股份有限公司（CICC）、盛京金融和退休校友基金等为其发行的C轮融资，总投资额高达10亿美元。这些资金将用于扩大公司规模，进一步研发新能源汽车技术，打造品牌和拓展海外市场。

2017年，蔚来汽车成功举行了IPO，在美国纳斯达克证券交易所上市，筹集了近10亿美元的资金。这也使蔚来成为中国新能源汽车公司在美国上市的第一家企业。

2018年，蔚来汽车完成了D轮融资，融资额达到6.29亿美元，这次融资的主要投资方为中国基金和菜鸟网络，蔚来汽车亦成为中国首家成功IPO的新一代智能汽车公司。

2019年，蔚来汽车宣布完成E轮融资，融资金额高达14亿美元。此轮融资的主要投资方为王兴领导的享道科技，以及云锋金融等机构。这些资金将继续用于推进新能源汽车技术研发和生产力的扩大，加大在海外市场的投入等。

此外，蔚来汽车还通过向其他公司的收购和投资来扩大自己的业务。例如，蔚来汽车在2018年收购了无线电动汽车制造商NIOPilot，并成立了新的自动驾驶部门。

蔚来汽车的成功是由其创始人李斌出色的企业家精神和对未来智能汽车和新能源技术的非凡洞察力和卓越执行力所成就的，同时得到了众多投资者的广泛支持。蔚来汽车将继续发挥其独特的技术和创新能力，努力成为全球领先的新能源汽车制造商。

2.4.5.4 萤火智能

萤火智能成立于2018年，是一家以智能家居领域为核心的创业公司，致力为用户提供智能化的家居解决方案。

①种子轮融资。2018年，萤火智能刚成立的时候，获得了来自多位天使投资人的种子轮融资，筹得了200万元资金。这些投资人都是在智能家居领域拥有着丰富经验的人士，他们相信萤火智能能够创新，为智能家居行业带来新的发展机遇，因此愿意为该公司提供资金支持。萤火智能创始人表示，这笔资金将用于公司业务的拓展和产品的研发。

②Pre-A轮融资。2019年，萤火智能宣布完成Pre-A轮融资，由顺为资本领投，序言资本和和信资本跟投。本轮融资筹集到3 000万元资金，为公司提供了更多的资金支持。萤火智能创始人表示，这笔资金主要用于产品的技术升级和推广，增加销售渠道和扩大市场份额。此外，公司还将加强对用户需求的调研，推出更多满足用户需求的智能家居产品。

③A轮融资。2020年，萤火智能完成了A轮融资，由元禾控股领投，IDG、高榕资本、达晨创投跟投，总融资额为1亿元。本轮融资的目标是进一步发掘智能家居领域的市场潜力，萤火智能将继续探索智能家居的应用场景，加强技术研发和产品创新。萤火智能创始人表示，公司将通过不断创新，使智能家居产品更加智能化、便捷化和人性化。

萤火智能在智能家居领域的创新与专注，不断吸引了一批优秀的投资人，共同加入萤火智能发展的阵营中。不断的融资支持为公司提供了充足的资本保障，为公司的发展提供了有力支撑。萤火智能公司的成功经验告诉我们，对于初创公司来说，拥有实力、有远见的投资人是非常重要的，这样可以为公司提供资金支持，同时也可以为公司提供技术和管理上的支持，使公司有更好的发展空间。此外，不断维护与投资人的合作关系也是非常重要的，能够帮助公司更快地发展起来。

2.4.5.5 百度

百度是中国领先的互联网搜索引擎公司，成立于2000年。自成立以来，百度一直在以其独特的搜索技术为基础，不断发展壮大。其创始人李彦宏在十几年的时间里，带领着这个公司在全球互联网市场上取得了很大的成功。

2000年,百度成立,由李彦宏和徐勇两人共同创始。为了筹集资金,李彦宏和徐勇曾到过众多公司寻求支持,投资方始终未能被说服。之后,他们终于签下了一份700万美元的投资协议,这笔资金允许百度发展到更大的规模。

2004年,百度在美国纳斯达克证券交易所成功上市,募集了10.3亿美元的资金。这些资金将用于扩大公司规模,进一步研发互联网技术并实现企业全球化。

2005年,百度与纳斯达克公司签署续签协议。

2006年,百度在香港交易所上市,募集了16.88亿港元的资金。这使百度成为香港的第一个主要的科技公司,这次上市也标志着百度正在向国际化方向发展。

2010年和2012年,百度分别完成了两轮优先配售。第一轮包括参与者高盛、湾流投资、盈方圆投资、Tiger Global 等。第二轮包括国泰君安、兴业银行、珠海投资、荣耀国际、桥水基金等。

此外,百度还通过对其他公司的收购和投资来扩大自己的业务,如视觉中国、易迅网、马蜂窝等。

百度也设立了独立的创业基金,致力为有潜力的创业公司提供投资。这个基金名为"百度风险投资(Baidu Venture)",总计投资金额超过了20亿美元。

目前,百度已成为一家市值超过420亿美元的公司,拥有逾3万名员工,涉及领域包括搜索引擎、人工智能、无人驾驶等各个领域。百度在发展、优化和推广其产品和服务方面花费了很多努力,也通过不断的创新、投资和收购来不断扩大自己的规模。

百度的成功是其创始人李彦宏卓越的企业家精神以及对技术和市场的敏锐洞察力和严谨的执行力的结果,同时在融资方面也拥有了投资者及盟友的广泛支持。

2.4.5.6 美团点评

美团点评是中国领先的在线消费服务平台,主要提供餐饮外卖、团购、酒店旅游、打车等服务。该公司创立于2010年，总部位于中国北京市。

2011年，美团点评的合伙人王兴向财新、新浪等媒体宣布公司获得了超过1 000万元人民币的天使轮融资。这些资金主要用于团购业务的扩张和城市覆盖率的提高。

2012年，美团点评完成了A轮融资，实现了近1亿美元的融资。这次融资的投资方包括DST、红杉资本中国、纪源资本、苏宁控股等知名机构和投资者。这些资金用于网络营销、团购市场开发、IT技术解决方案研发等需求。

2013年，美团点评完成了B轮融资，募集资金额逾1.5亿美元。这次融资的主要投资方为腾讯和红杉资本中国，这标志着腾讯进一步深入美团，为其带来更多的用户流量、技术支持和精准广告投放服务。

2015年，美团点评宣布完成C轮融资，总实收金额达到38亿美元，成为当时中国互联网领域最大的一笔融资之一。投资方包括联想、德勤中国、金沙江创投等，其中腾讯继续加大了对美团点评的投资。

2017年，经过长达半年的融资，美团点评宣布完成D轮融资，总融资额达到近40亿美元。主要投资者包括红杉、启明、峰瑞、云锋、广发银行等知名投资机构。

2021年3月，美团以向港交所发行1.2亿股H股的方式成功上市，融资超过7.098亿美元。其中，中国国际信托、小米及其子公司，以及孙正义的SoftBank Vision Fund是美团最大的三个股票认购者之一。

美团点评通过投资和并购等方式扩大和发展业务，同时得到了大量投资者的资金支持。公司持续探索新技术，打造更好的用户体验和服务，成为中国互联网领域最具有活力的企业之一。

2.4.5.7　滴滴出行

滴滴出行是一家中国知名的出行服务提供商，成立于2012年，总部位于中国北京市。该公司提供多种出行服务，包括打车、拼车、顺风车等服务，并通过高度的数据分析和人工智能技术优化出行体验。

2012年6月,滴滴出行成立,此时仍名为"嘀嘀打车",创始团队包括程维、张博、柳青等人。公司创立之初,获得了来自钟鼎投资、SIG等机构的A轮融资,融资总额达750万美元。创业初期,滴滴努力扩大市场份额并发展新的业务模式。

2013年10月,滴滴出行完成了B轮融资,主要投资者为腾讯、经纬中国等知名机构,融资总额达1.4亿美元。这一笔融资的主要用途是增加营销支出,加速全国市场覆盖。

2014年5月,滴滴出行完成了C轮融资,总额度达7 000万美元。此轮融资的重要投资者包括红杉资本、高盛等。同年,滴滴在大规模扩张中扩展了更多城市,增加了对拼车服务和物流配送的关注。

2015年9月,滴滴完成了D轮融资,总额达到25亿美元,成为当时同期全球单笔最大的移动互联网融资案例。此轮融资由国际巨头阿里巴巴和腾讯联合领投,华平投资等机构跟投。

2016年9月,滴滴和优步(Uber)合并在华的业务,并在中国市场推出全新的出行生态产品"滴滴出行",标志着滴滴出行迈入了全新的发展阶段。此后,滴滴出行开始了在海外市场的扩张计划,并且进行了多次融资活动。2017年12月,滴滴出行宣布完成E轮融资,总融资金额超过48亿美元,投资者包括搜狐、Grab、软银等公司。

滴滴出行凭借强有力的技术支持和丰富的资金实力,迅速成为中国境内线上出行市场领先的服务提供商,并得到了许多投资机构的认可。滴滴出行正在不断探索新的业务模式和市场,在全球市场加速扩容,并推动着整个行业的变革。

2.4.5.8 京东数科

京东数科是中国知名的金融科技公司,成立于2013年,总部位于中国北京市。该公司提供多种金融科技解决方案,包括数字货币、信用体系、金融科技基础设施等方面的服务。

2013年,京东数科成立,并在同年获得10亿元人民币的初始注资。这是由京东集团及其创始人刘强东提供的资金,并由多位个人投资者和一些私募股权投资者跟投。

2014年，京东数科完成了由中金公司和浦发银行领投的5 000万元人民币的Pre-A轮融资。此轮融资主要用于技术升级和拓展银行、保险等金融机构合作，推动更多的创新金融产品上线。

2015年，京东数科完成了由红杉资本领投的1亿美元的A轮融资。这一轮融资的主要目的是加速公司的技术升级、人才招聘和海外市场扩张。同时，公司也在加速金融科技和传统金融业的融合。

2016年，京东数科完成了约3亿美元的B轮融资，由CCB International领投。这轮融资目的在于进一步扩大公司的市场份额，提高金融科技服务的质量和效率，并加速海外市场的布局。

2017年，京东数科成立了区块链实验室，推进区块链技术在金融领域的应用，并在全球范围内积极拓展市场。同年，公司完成了由中国建设银行领投的约13亿美元的C轮融资，这笔投资将帮助京东数科进一步推进技术创新、人才培养和国际业务拓展。

目前，京东数科已成为中国领先的金融科技公司之一，涵盖了数字货币、区块链技术、支付、风控等多个领域，并在金融业务模式、产品创新和服务质量上始终保持领先地位。未来，京东数科将继续推进技术创新和业务拓展，助力金融服务实现数字化和智能化转型。

2.4.5.9 Uber（优步）

Uber是世界顶尖的共享出行公司之一，成立于2009年，总部位于美国旧金山。该公司提供了一种非常方便的共享出行服务，使得人们可以随时随地叫到出租车或私人车。目前，Uber已在全球超过80个国家和地区落地，并成为一种颠覆传统出行方式的领先品牌。

2009年3月，Uber由Garrett Camp和Travis Kalanick在美国旧金山共同创立。其初期资金来自两位创始人及一些天使投资人，总额为200万美元。

2010年7月，Uber完成第一轮融资，由Benchmark领投，一共获得1 100万美元的资金。这笔资金被用于招聘和扩大服务范围。

2011年12月，Uber完成了由Menlo Ventures和Amazon CEO Jeff Bezos联合领投的1 500万美元的B轮融资。此轮融资是公司发展关键时期的重要资本。

2013年5月，Uber再次获得了由Benchmark，TPG和Google Ventures联合领投的3.5亿美元C轮融资，这笔资金被用于全球扩张计划。与此同时，Uber还与英国出租车服务公司Hailo合作开展业务，这一合作为Uber在英国的扩张带来了更多机会。

2014年6月，Uber完成了由Baidu领投的10亿美元D轮融资，这是当时估值最高的私募融资之一。这笔资金是为了支持其全球市场扩张计划，扩大业务范围和提高服务质量。

2015年9月，Uber完成了沙特阿拉伯公共投资基金领投的35亿美元E轮融资。值得注意的是，这是对一家非上市公司最大的一笔投资，也是沙特阿拉伯公共投资基金历史上最大的一笔外部投资。这笔资金主要用于加快Uber海外扩张步伐和开发智能汽车，以及推出更多服务。

2016年，Uber在中国市场竞争日益激烈，与滴滴出行进行激烈的市场竞争。为了提高竞争力，Uber在8月完成了与中国最大的本土乘车服务提供商滴滴出行的合并，交易总价值为350亿元人民币，成为中国乘车服务市场占有率最高的公司之一。

Uber的创业融资案例充分证明了其成功进军全球市场的核心秘诀：扩大市场份额、提高服务质量和持续创新。未来，Uber将继续推进技术创新和业务发展，为全球用户提供更加智能、高性能和贴心的出行服务。

2.4.5.10 Airbnb（爱彼迎）

Airbnb创始人Brian Chesky、Joe Gebbia首次推出了一个基于社交平台的住房共享创意，公司成立于2008年。截至目前，Airbnb已经成为世界上最大的住宿共享服务平台之一，其经验重新定义了现代旅行的方式。

2009年8月，Airbnb完成20万美元的天使轮融资。该融资由加拿大万能青年基金和一些著名投资人领投，如Paul Graham、Jeffrey Katzenberg、Joshua Schachter、Brian Sharples、Elad Gil等。这笔资金用于平台功能开发、市场推广和扩张房源。

2010年1月，Airbnb完成700万美元的A轮融资。Sequoia Capital领投，Andreessen Horowitz和Greylock Partners紧随其后。这笔资金被用于进一步扩大公司的业务，并购买房屋、增加市场营销支出和成本控制。

2011年6月，Airbnb宣布完成了由Andreessen Horowitz、Founders Fund和DST Global领投的1.1亿美元的B轮融资。这一轮融资是Airbnb发展关键时期的重要资本，使Airbnb进一步扩张世界各地的市场和技术研发。

2012年4月，Airbnb完成了11亿美元的C轮融资，其中包括Andreessen Horowitz、Founders Fund、DST Global和新兴的中国跨境资本投资公司TPG Capital等。这笔资金被用于加速全球扩张，提高服务体验和进一步加强市场营销。

2014年，Airbnb完成了4.75亿美元的D轮融资，由TPG Growth领投，旗下的多家投资公司也参与其中。这笔资金被用于加速全球扩张，包括在东南亚的房源扩大和中国市场的本土化推广。

2015年9月，Airbnb宣布完成了15亿美元的E轮融资，该轮交易包括资本和战略投资者，目的是进一步扩展其全球业务。主要投资者包括General Atlantic、Hillhouse Capital Group、Tiger Global Management和Valor Equity Partners。

2016年9月，Airbnb进行了另一笔数额不详的融资。根据报道，这次融资涉及投资者至少9家，包括阿布扎比主权财富基金、加拿大退休投资计划投资委员会和天使投资人等。

Airbnb的创业足迹和融资成果充分证明了其成功进军全球市场的核心思路：关注用户需求、融入本土文化、发扬实干精神等。未来，Airbnb将继续推进技术创新和业务发展，为全球用户提供更加多元、人性化和个性化的住宿共享服务。

2.4.5.11 SpaceX

SpaceX（Space Exploration Technologies Corp.）是由特斯拉汽车CEO

（首席执行官）埃隆·马斯克在 2002 年创立的一家太空探索技术公司，旨在缩小私人与官方太空探索的差距，其使命是"在地球轨道、月球、火星和其他星球上建立人类居住地"。

2002 年创立 SpaceX 公司，马斯克个人投资了 100 万美元作为种子轮融资，并出任 CEO。

2004 年首次成功地将轨道火箭送入轨道，这个项目获得了美国政府的赞助，共获得 2 500 万美元的研究和开发资金。

2006 年，SpaceX 完成了密码轮融资，共募集了 8 000 万美元的资金。主要投资者包括美国风险投资公司 Founders Fund、加州州立教育系统基金（CalSTRS），以及加拿大铁路退休金计划投资局等机构和个人。

2008 年，SpaceX 成功将第一台私人自建的轨道火箭运往太空，并与国际空间站卡车对接。此举获得了政府大力投资，成功获得 3.16 亿美元的合同，帮助 SpaceX 完成开发工作。

2010 年，SpaceX 在股票市场创造历史，成为第一家向公众发售股票的太空探索公司，成功募集了 1.3 亿美元。

2012 年，SpaceX 募集了 2.64 亿美元的资金，投资者包括 Google Ventures、Draper Fisher Jurvetson、Founders Fund、Valor Equity Partners 等。这笔资金资助了 Dragon 货运飞船和重型火箭 Falcon 9 的开发。

2015 年，SpaceX 完成了 F 轮融资，由 Google 和 Fidelity Investments 领投，共募集了 10 亿美元资金，估值高达 127 亿美元。这一轮融资使得 SpaceX 更加雄心勃勃地推进火箭的重复使用和发展去火星计划。

SpaceX 的创业和融资过程看似一帆风顺，但在这过程中，SpaceX 降低火箭运载成本、提高火箭重复使用率、降低生产成本等一系列技术创新都是关键。未来，SpaceX 将继续发挥其独特优势，不断推进太空技术的创新和突破，为人类探索外太空提供卓越的技术支持。

2.4.5.12 Robinhood

Robinhood 是一家总部位于美国加州帕洛阿尔托的在线证券经纪公司，成立于 2013 年，创立初衷是让更多的人能够参与到证券市场中来，让每个人都有机会实现财务自由。

Robinhood成立初期，公司平台的构想吸引了多家知名风险投资公司的关注，它们注视着这场资本革命逐渐掀起。Robinhood以支付合作作为营收的初步阶段，向家庭推销"钻石会员"年费服务，因此收到了100万美元的种子轮融资，这些资金来自知名企业家Jan Brandt和Steve Elms。

2014年，Robinhood成功地募集到创立后的第二轮融资，以扩大公司迅速发展所需的正式营业经费。这轮融资获得了5 400万美元，主要由Ribbit Capital、IndexVentures、Andreesen Horowitz、NEA等知名风险投资机构联合领投，新融资将用于扩展客户服务、提高产品民众化、拓展金融产品线。

2015年，Robinhood公司宣布完成一轮7 000万美元的融资计划，由NEA领投，红杉资本、Ribbit Capital和其他信息科技公司跟投，融资额超过了加强监管的严格文本分析、投资组合优化、安全等领域的资本需求。

2017年，Robinhood完成了一轮A+轮融资，资金主要用于扩大办公室规模和员工数量，新的资金让公司的估值达到18亿美元。该融资轮次由标杆资本全程领导，着重于Robinhood的增长和招聘，以及想办法进入大型金融机构。

2018年，Robinhood完成了E轮融资，募集到5.4亿美元，使公司估值达到60亿美元。这次投资由动态公司Panorama Point Partners领衔，包括新投资者且未披露身份和现有投资者在内的其他资本参与了这一轮融资。新资金将用于扩展产品和服务，包括增加适合用户的新交易方式，以及为零售客户提供投资产品和工具。

2019年，Robinhood计划推出新的储蓄账户功能，引发了新一轮资本革命的浪潮。然而，该计划招到了一些监管机构的批评，因此计划进行了调整。Robinhood最终的融资额是7 730万美元，这笔资金由NEA、Ribbit Capital领头，资金将用于扩展其传统经纪业务和引入新的产品功能。

Robinhood的创业融资案例反映了公司快速发展的历程，也体现了成功企业的创业故事。通过高效的资本融资和有效的产品创新，Robinhood不断拓展业务范围，并成为广大用户选择的重要金融产品，为实现让所有人都能够进入证券市场所做的贡献经受了更多的考验。

2.4.5.13 全景视界

全景视界是一家中国虚拟现实技术公司，成立于 2014 年，总部位于中国北京市。公司致力利用虚拟现实技术为用户提供高品质的沉浸式体验。

2015 年，全景视界完成了种子轮融资，总额为 150 万元人民币。这笔资金来自阿尔法公社、傲游创投和北极光创投等。全景视界计划将这笔资金用于人才招聘和研究开发项目。此时，全景视界的团队正在为虚拟现实设备开发软件。虽然在当时，虚拟现实技术在中国市场还没有得到足够关注，但是全景视界相信这是未来的方向，并致力推进这个领域的发展。

2016 年，全景视界完成了 A 轮融资，获得 4 200 万元人民币的资金支持，由 IDG 资本领投，中银投资集团、彩云金融、滨银资本和北极光创投等跟投。这笔融资资金将用于产品研发、市场推广和扩展业务。该融资后，全景视界开始扩大其业务范围，致力开发更多的虚拟现实内容和应用程序，打造更具沉浸性的用户体验。

2017 年，全景视界完成了 B 轮融资，总额为 1.1 亿元人民币。本轮融资由五部委申报创新创业基金、贝塔斯曼、彩云金融、华兴资本、北极光创投等联合领投。全景视界计划将这笔资金用于研究开发、营销推广和拓展国际业务。公司同时打算投入更多的资源进入高价值行业应用，包括文化、旅游、教育和医疗等领域。

2018 年，全景视界完成了 C 轮融资，募得 5.36 亿元人民币，由贝塔斯曼中国、高瓴资本、红杉资本等领投。本轮融资将用于进一步拓展产品线、提高产品质量并全球推广。本轮融资为公司在市场上的竞争奠定了更坚实的基础。全景视界依靠先进的技术和良好的产品质量，在国内市场获得了广泛的认可和赞誉。同时，公司也开始进入海外市场，与众多跨国企业合作，并将产品出口到全球范围内，取得了初步成功。

全景视界的创业融资案例体现了公司迅速发展的历程，同时也反映了中国虚拟现实产业的成长。通过高效的资本融资和不断创新的努力，全景视界不断拓展其业务范围,并成为广大用户选择的重要虚拟现实产品提供商,为高品质的沉浸式体验所做出的努力经受了更多的考验。

2.4.5.14 小米公司

小米科技有限责任公司,简称小米,是由雷军等创办的一家科技公司。小米以销售智能手机、生态链产品和家庭设备为主要业务,并通过互联网和手机应用程序提供互联网服务。

小米的创业历程可以追溯到2010年年初,那是当时的雷军和他的团队创业的最初阶段。当时的小米只有15人的团队,没有资金、没有资源,也没有业务。因此,从开始就必须想出一种创新的方法来让公司生存下去。

为了众筹启动资金,雷军在微博上发表了一篇文章,自称"高龄新手",组建了小米公司。雷军提出,小米公司只通过网站销售手机,不设零售店,从而节省了租金和人力成本。另外,小米鼓励客户交流和分享,将旧手机换成小米手机可享有折扣优惠。这种方式使小米手机快速地得到了用户的认可,并得到了大量用户的支持。

2010年3月,在网络及新媒体的普及下,小米开始在互联网上预售小米手机,并提供了APP软件和社区活动等价值服务,实现了销售增长。2010年的销售额达到3 000万元,赢得了消费者的好评。

2011年,小米在微博上推出"小米首款手机"的预售,这款手机后来被称为"小米1"。"小米1"配备高端配置,价格却远低于其他同类手机。小米还吸取了苹果的使用体验设计,开创了国内互联网手机市场。

为了推广销售,小米选择免费赠送小米手机3个月,并且小米采用了开放式设计,推出了与生态链产品相匹配的手机应用程序,同时通过社交网站的组建等方式,大大扩展了市场。最终,小米1的销量达到了100万部,并且在用户中口碑还不错。2011年小米的年销售额更是达到了亿级别。

2012年,小米完成了第一轮融资,由新东方教育集团、Qiming Venture Partners、IDG资本、红杉资本等投资。此轮融资的资金总额为5

500万美元。小米将这笔投资用于对研发的支持和市场的扩大，以及平衡运营成果。2013年，小米发布了首款MIUI平板电脑。同时，小米还采用独特的销售模式，生态链建设和社区创新，不断扩大市场，实现稳定增长。

2013年，在全球智能手机市场萎靡不振的大背景下，小米的市场份额长期领先。同时，小米还完成了第二轮融资，由Temasek控股领投，包括IDG资本、高盛、阿里巴巴等在内的众多投资机构参与。这轮融资的总额达到了10亿美元，小米已成为中国众多创始人所羡慕的"独角兽"企业之一。

2014年和2015年，小米继续扩张国内外市场，获得了更多的用户和客户，并与多家生态链企业建立合作关系。同时，小米还完成了第三轮融资，由投资机构Profile Capital、Shunwei等领投，总额达到了100亿元人民币。

到2018年，小米的全球市场份额已经超过了6%。雷军表示，小米"不仅仅是一家手机公司"，小米希望在生态链和互联网商业这两个领域不断创新，并实现可持续增长。

小米在自主创新和众筹模式的驱动下，通过创新的商业模式、市场扩张和融资，实现了其业务的迅速发展。小米的发展历程为创业者提供了有益的经验教训。

从以上案例可以看出，创业融资的关键在于创始人的想法、团队以及业务模式的可行性。只有这些因素得到了投资人的认可和信任，以及政府优惠政策的支持，才有可能获得融资成功，所以大学生创业者需要不断学习和改进自己的业务计划，提升自己的能力。

2.5 大学生创新创业能力的教育实践路径

2.5.1 创新创业能力教育培养理念创新

2.5.1.1 将项目和社团作为载体，增强创新意识和创业精神

"创业教学"旨在培育大学生的创新性思想，提升他们的创新创业能

力,并利用"创业教学"实践群体,提供多样化的课程、培训、比赛、交流,让他们在参与社会实践、参与公益事务的同时,也能够提高自己的创新创业能力。通过建立各类社团,让大学生成为其中的核心,并举办各种类型的创新性沙龙和竞争性比赛来提升他们的实践能力。这样,他们就可以在实践中提升个人的素质,更好地实现其目标。

2.5.1.2 教育理念与就业指导工作融合树立"大就业"理念

"大就业"的概念已经被广泛接受,它不仅涵盖传统的职场定义,还涉及个体的职场发展。然而,许多高等院校的职场培训机构仍然在强调职场定义,而忽略了个体的职场发展潜力,从而使得许多毕业生错失机遇,错失了实现职场梦想的机遇。在当今社会,自主创业已经成为一种非常受欢迎的职业选择。因此,高等院校应该把创新创业的精神贯穿于整个职场课堂,加强对学生的职业技能、职业道德的培训,让他们深刻领会"大就业"的精神。随着"互联网+"的迅猛崛起,传统行业正面临着前所未有的变革,许多全新的职位悄然而至。为此,大学生不仅需要具备良好的基础知识,还需要具备"创业即就业"中所提倡的灵活性,以及与当今社会的紧密联系,敢于挑战既定的框架,去追求真正的职业梦想。通过创业,大学生不仅可以利用他们的专长、技术,扩宽他们的职场视野,增加他们的就业机会,而且最重要的是,它可以唤醒他们的创造力,培养他们的独立性,为他们未来的职场发展奠定良好的基础。

2.5.1.3 改变传统教育理念和方法注重创新意识和能力培养

推进大学生创新创业教育,旨在培养拥有独特思维、敏锐观察、积极进取的创造性思维,以及良好的商业技巧的优秀人才。然而,由于过度依赖理论的讲解,大学生们无暇参与到实际的创新活动中,因此在当今这个充满挑战的社会,应该摒弃过度依赖理论的思维模式,以行动驱动的教学模式,激发大学生的积极性,让他们在实际的环境中发挥自己的潜能,以此来提升他们的创造性思维、商业技巧、社会责任感等。通过采取有效的教学策略,鼓励大学生勇于挑战,勇于接受挑战,以期培育出具有综合能力的优秀学子。同时,应该认真考虑大学生的独特需求,并采取有效的教学手段，如探究教学法、交流教学法、项目教学法，以唤醒大学生的学习兴趣，促进他们的学习进步。为了提高学生的创造力，应该采用一种以工作为导向的、系统的教育方法，加强课堂的真实感，并鼓励他们进行实际的项目，以便他们可以在一个完整的工作场景下，深入地了解并掌握双创的相关知识与技巧。针对不同的环境、不同的需求和不同的个体，教师根据当前的情况，结合当前的发展趋势，量身定制针对性的教育方案，构筑一个充满活力、多元化的教育环境，以便让大学生们有机会进行有效的创新和创业。

2.5.1.4 以德育理念作为基点针对创新创业教育观进行革新

在创业的道路上，教师必须全面评估大学生的潜质，包括他们的专业技术和创造性的想法。同时，也应该鼓励他们拥抱挑战，勇于冒险。因此，建议把德育理念纳入大学生的创造性和想象力的发展之中。

第一，教师需要将传统的教育思想与现代化的思维方式相结合，清晰地定位教学目标，以及激发大学生的创新和创业热情。创新和创业课程既注重培养学生的实践技巧，也注重塑造学生的道德素质，让大学生在未来的挑战中有信心和决心，从而获得胜利。

第二，为了更好地推动社会的可持续发展，高等院校应当改革传统的教育思想，构建具备多元文化特色的教育体系，以德育为核心，重点强调培养学生的创新、实践以及综合性素质的提升，以期使每位毕业生具备良好的就业竞争优势。

第三，针对每一位大学生的独特背景、复杂的思维过程以及多样的兴趣爱好，采用多种措施，以便更好地适应他们的多样化需求，并且根据他们的个性特征，制定更加灵活、自主的课程安排，以便激励他们的潜质，使他们拥有更多的创造力，从而更好地适应社会的期望，并获得更高的职位。

2.5.2 从平台和教学体系构建顶层规划

为了充分利用大数据技术，提升高校学生的创新创业能力，教师可以建立一个集成了多种创新创业资源的平台，以促进他们的成长和发展。打造一个集成了大量数据处理功能的综合性平台，将校园内的模拟实践、在线教育、社会企业的数据端等多种资源整合到一起，形成一个完整的、无缝的创新创业大数据资源整合系统。而构建一个具有挑战性的创新创业大数据资源整合平台，需要利用先进的计算机信息化技术，如爬虫、云计算等，以实现更加高效的结果。

第一，利用最先进的网络爬虫技术，可以从微博、新闻媒体、APP视频、社交媒体等多种渠道收集、分析、检索，实现对网页内容、浏览记录的实时监控与追踪。然后通过实时监测、收集、整理、分析大量的数据，为创新创业提供一个完整的资源整合平台，从而使得高校的教育更加丰富多彩，同时也能够更好地帮助大学生建立自己的个性化数据库。

第二，要利用最先进的云计算技术，可以实现快速、有效地整合、存储、处理与创新创业有关的热点信息和数据，并且能够实现精细化的管控，从而有效地保障创新创业数据的安全性、可靠性。

第三，结合爬虫、云计算技术以及其他前沿技术，打造全面的创新创业大数据资源融合平台，它可以将校园内的创新创业模拟实训、在线教学以及其他相关服务，有效地整合各种数据，以满足不同需求，并且能够有效地推动其发展。除了为企业、高校以及其他机构提供便捷的连接接口，还可以开发一系列的个性化服务，以满足不同用户对于创新创业项目、教学资源的需求，并且可以促进校企合作，实现高校之间的资源共享，从而推进创新创业的发展。

第四，为了提升大学生的创新和创业能力，教师需要建立一个基于大数据的监控系统，它将会成为创新和创业大数据资源整合平台的重要组成部分。将创新创业课程、资金投入、师资建设和系统平台四大模块有机地结合起来，并为每一模块制定精准的评估指标，以此来构筑一套完善的、系统性的监控机制。高校领导和大学生通过使用这个评估体系，利用大数据技术，如挖掘、分析、视觉化呈现，来准确地识别并预测检测到的指标，从而加强对创新创业课程的安排、财政投入、师资配备等的有效监控，使得高校可以更加有效地指导和促进大学生的创新创业能力的发展。

第五，可以建立一个专门的教育和培训机构，它是将大量的创新和创业信息整合在一起的平台。利用创新创业能力培养的教育活动服务系统，可以为教师和大学生提供更多有关创新创业的信息，包括最新的热点新闻、法律政策、行业发展数据以及相关的风险因素。这些信息不需要他们自己进行检索或查询，系统将帮助他们快速了解并应对挑战。这将帮助高校教师更好地培养大学生的创新创业能力，并且指导他们进行创新创业项目的设计。

持续改进教学体系和提供多样化的实践平台。一方面，为了跟上时代的步伐，高校应当积极探索并充分利用最新的信息化技术，如大数据，来改善创新创业能力的培养，并且在课程体系上加以调整，以满足当前社会的发展需求，同时也应当把最新的大数据技术融入教学实践当中，以提升大学生的创新思维、创造性思维以及应对挑战的能力。例如，高校应该利用现代科技，如 VR 虚拟现实技术，建立一个大数据融合的资源平台，以便为大学生提供一个逼真的实训环境，激发他们的学习欲望、创业激情，并培养他们的实际操作能力。另一方面，应该不断探索和改进教学方法，以提升大学生的创新和创业能力。一是应该采取措施，包括购置必要的硬件和软件资源，以确保学生的创新创业能力得到充分的培养。这些措施包括购置 EPR、创业之星等软件，建立创新创业模拟实验室、沙盘模型等多种平台。二是在线上的大数据平台上与企业合作，可以分享资源，并且可以互相交流。通过这种方式为大学生打造一个长久的校企项目孵化基地，让他们有更多机会参与到真正的创新和创业中，并且可以帮助他们提高自己的实际能力。

2.5.3 发挥高校主导作用完善双创教育机制

高校对于推动创新与创业的发展起到了至关重要的指导作用，这也是促进高校教育变革并培养优秀人才的核心。因此，高校应该建立一支专门的创新与创业指导团队，提供丰富的课程内容，并建立多样化的实践场所，以持续提升高校的创新与创业能力。

2.5.3.1 打造创新创业教育教师队伍

在进行创新和创业课堂时,教师扮演了至关重要的角色,可以给予大学生直观的帮助。然而,目前许多高校的创新和创业课堂都依靠教师和其他相关领域的专家来授课,虽然他们拥有相当的理论基础,却很少拥有丰富的实际操作经历,无法给予大学生完整的帮助。因此,高等院校需要构建一支具有丰富经验和技术的创新型和创业型教师人才团队。这些人才对于提升大学生的创新和创业能力至关重要,他们的专业水平将会对这项任务的成功产生决定性的影响。因此,高等院校需要加强对这支团队的建设,确保取得良好的成绩。

高校应该加强对创新创业教师的培训,改变传统的教学模式,以更加全面的视角来指导大学生的创新创业,让他们掌握更多的实践技能,并且能够更好地运用这些技能去实现自己的梦想。

为了更好地推进创新创业,建议建立一支由专业和非专业人士共同构成的团队。可以从社会公司招募拥有丰富实战经历的管理者来提供课程,帮助教师更好地掌握这些技巧。建议每年都要举办一次与公司相关的培训课程,让团队成员更好地掌握这些技巧。同时,聘请一些优秀的企业家来提升教师团队的整体水平,帮助教师适应市场的需求。还可以建立一个以研究和分析为主的团队,以帮助教师适应市场的变化,并加强大学生的创新意识和实践能力。

高校应该积极采取措施,加强对教师的培养,以提升他们的创新创业能力。同时,要定期举办教师专业技能培训班,以帮助他们掌握创新创业知识,从而能够更好地指导大学生进行创新创业。

建立一个创新创业教师资源库。高校应该努力推动与其他高校的合作,通过互相招募来提供优秀的教师。这样,就可以把来自各个高校的创新创业专家、企业兼职教师和社会上的成功案例等多种资源整合在一个丰富的教师资源库里,使得课程更加丰富多彩,以此来填补高校之间在大学生创新创业能力培养方面的空白,并且为教师交流提供更好的平台,从而提高教育水平。

为了更好地培养大学生的创新创业能力，将采取措施，开展企业人才引进计划，以吸引更多的优秀企业家加入教师的团队，为他们提供实践性的指导，帮助他们更好地实现自己的梦想。

想要更好地激励教师的创新精神，高校应该努力营造一个融洽的工作氛围，建立领导与教师之间良好的沟通桥梁，营造一个充满活力的学习环境，使教师们能够积极参与到创新创业的实践中去。为了鼓励教师的创新，高校应该提供专门的资金支持，以支持他们的科研项目。这样，不仅能够改善工作环境，还能为他们提供充足的资金支持。

2.5.3.2　设置创新创业课堂教学

在当今社会，课堂教学已成为推动创新创业发展的关键因素，因此高校应该积极采取措施，制定出一套完善的创新创业课堂教学体系，使其成为一个能够有利发挥作用的平台。

首先，应该把课程安排在以下几个不同的水平：一是应该安排"职业生涯规划""大学生就业指导"等必修课，同时还应该安排一些针对全体大学生的选修课。二是应该努力建立一个完整的、有机的知识体系，以便帮助大学生获得更多的技术支持。三是应该加入 SYB 等多种形式的专题培训，以便帮助他们更好地掌握专业技术，并且可以利用这些技术来锻炼自己的创新思维。四是应该开设大学生的创新创业实践课程。为了促进大学生的创造力，可以为他们安排实习机会，并鼓励他们把所学的理论知识应用到日常工作或社会实际当中。

其次，在专业课程中加入创新创业。大学生应该将更多的精力投入创新和创业方面，而不是局限于传统的专业知识。因此，教师应该将更多的精力放在将创新和创业知识纳入专业课程中。比如，通过期末考试检验大学生对行业的理解，激发他们的创新和创业潜能。同时，也将推出一系列线上培训课程，帮助大学生学习知识。随着互联网的飞速发展，线上教育已成为一种不可或缺的教育方式，可以帮助大学生理解和掌握创新和创业的相关知识。例如，高校应该提供一些免费的在线课程，帮助大学生克服时间和地点的障碍，并为他们的创新和创业提供支持。

随着时代的飞速发展，社会的变化日新月异，对于具备专业素养的人才的要求越来越大。因此，大多数高校都将重点放在了培养具有创新思维和实际操作能力的大学生上，并且努力建立起完善的课程体系，使他们具备良好的综合素养。在当今这个充满挑战的时代，高校应该成为一个具备创造力和实践能力的地方，以适应社会的需求。教师应该努力提升教育水平，以便更好地帮助大学生发展和成长。在这方面，高校应该着眼于提升本地的课程体系。为了更好地帮助大学生发展他们的创造力，教师应该清楚地指出，在开始训练他们的创造力之前，必须先帮助他们熟悉相关的技术，并且具备良好的创造力。因此，教师应该在高校的课堂里，结合实际情况，合理地添置更多的创造力和创业相关的课程，以便进一步帮助他们发展他们的潜力。通过课堂教学，帮助大学生理解并融入到职场世界，并将其视为一种真正的投资，努力帮助大学生增强个人技能，并为他们的未来发展打下扎实的基石。作为一名教师应该把重点放在如何提高大学生的能力和素质上，并且通过适当的方式来引导他们去探索和发展自己的专长。

为了更好地指导和促进大学生的创新思维，高校应该采取一些措施来改变传统的授课模式，如采用更加灵活的授课方式，并且为了让大学生掌握和运用所学知识，应该采取一些措施来加强对创新思维的指导和训练。因此，教师应该借助互联网技术，通过在线微视频的方式，让大学生在有限的课外时间里，进行有效的碎片化学习，并且有效地整合和运用多样的教育资源。

2.5.3.3　针对就业市场加强创新创业知识传授

首先，加强对创新和创业的潜在培训。隐性课程是一种重要的教育方式，它能够在校园内培养大学生的创新意识和思维能力。具体来说，院校应该采取全面的措施，从不同的视角和层面，积极推广创新创业教育，让大学生在当前的求职、就业和未来的职业发展中都能受益，并且能够更好地实现自身的价值。通过开设创新创业课程，帮助大学生改善就业观念，增强自我实现的能力，从而更好地适应社会的需求，实现个人的职业梦想，同时也可以帮助他们掌握创新的思维模式、创新的意识以及更高的创新创业技巧。

其次，完善创新创业教育体系。通识课程旨在为所有学生提供一个完整的知识框架，它的功能与"催化剂"相当。加强科学素养和人文素养的宣传，不仅能够唤醒学生的创业精神，培养学生的创造力和想象力，也能为他们未来的职业生涯打下牢固的基石。

通识课程涉及创业心理学、公共关系、企业管理、电子商务、经济法、就业形势与政策等诸多方面，以帮助大学生更好地掌握职场技能和知识，让大学生能够全面把握当前的就业市场、创业机遇、行业趋势，从而更好地把握自己的职业方向，为未来的创业和择业做好充分的准备。另外，创业需要持之以恒、深思熟虑，而不能全凭一时冲动。大学生参加通识课程，不仅可以增强团队凝聚力、协作精神、社会责任感，还能够培养出良好的职业操守，更重要的是，它还能够增强个人的耐心、抗逆性、沟通技巧，从而发挥出更加优秀的综合素养。开设这些通识性的课程，对大学生进行就业指导，不仅能够帮助他们减轻工作压力，还能够提高他们的工作效率。

最后，提高创新创业教育的技能水平。通过参加技术课程，学生可以更好地了解和掌握他们的专业知识和创新创业能力，这些知识和能力可能涵盖危机处置、团队协作、项目拓展、产品开发、商业规划、风险分析、企业融资、市场推广和人才培养。同时，旨在为参与者提供全方位、多样化、具有针对性的培训，以帮助他们提升创新和创业方面的能力。

2.5.3.4 丰富大学生创新创业教学资源

许多高等院校已经开始使用先进的信息技术来提供多种多样的在线授课方式，同时也在各院系之间建立起了互相交流的渠道。这样，大学生就能够从中获取丰富的、优秀的创新和就业指导材料，从而提升自身的就业能力。为了更好地推广和传播创新思维，高校应该充分发挥信息化的优势，不断扩大教育范围，让教师和大学生之间实现实时的交流，帮助他们运用大量的创新和创业资源。此外，教师还应该鼓励大学生通过手机应用来实现对创新和创业的掌握，以便他们可以深入了解和掌握所需的知识，同时也可以随时随刻提出对于任何挑战的疑惑。通过运用先进的云计算技术和大数据分析，高等院校可以建立一个充满活力的虚拟实验室，让大学生在此体验到真正的创新和创业的乐趣，从而极大地促进他们的创新和创业技能的发展。此外，还应该结合当前的社会发展趋势，开发出一系列精准的、符合当下社会需求的创新和创业培训课件，从而增强他们的创新和创业素养。

2.5.3.5　拓展创新创业实践平台

建立和完善各类创新创业实践平台，可以有效地帮助大学生更好地掌握和发挥自身的潜质，从而推动其发挥自身的价值。因此，高校应该加强对这些实践型的平台的拓展，并且积极探索更多的可持续发展的途径，以期培养出更多的创新型人才。为了支持和促进大学生的创新和创业，教师需要加强对现存的大学生创新和创业孵化基地的建立。目前，许多高等院校都建立了这些机构，并且给予他们充足的资源和支持，以便他们能够更好地开展自己的工作。因此，高等院校必须完善和维护它们拥有的创新和创业孵化基础，以便更好地帮助大学生发挥他们的潜能。同时，它们还必须确保大学生能够将自己所做出来的研究和想法付诸实施。当前，许多高校的校园实习场所都与企业建立合作，尽管这样可以为高校提供一些支持，但高校很可能会失去发言的机会。

2.5.4　数字化时代培养大学生创新创业能力

随着数字化的发展，高校应该更加注重培养大学生的创新和创业能力。为了实现这一目标，应该加强创新创业教育，并让课堂内容与实际情况相结合；继续完善传统的教育模式，并将大学生的成绩作为衡量成果的一个重要指标。利用互联网技术的强大功能，整合大量的信息资源，为大学生提供更多的就业机会，并且提升他们的综合就业竞争力。在这个数字化时代，教师应该充分利用内部优势和外部机遇来促进大学生的创新创业能力。为了实现这一目标，教师需要探索一条适合的道路。同时，还需要改变传统的大学生思想教育模式，并不断完善创新创业教育体系，以培养勇气、挑战性和进取心。

教育培养视域下，对大学生的教育越来越注重培养他们的职业素养，课堂上将许多专业实践知识纳入课程，以便他们可以通过项目实习获得所需的实际操作技能。许多专业也都有明确的毕业要求，即获得相应的专业证书。随着教育模式的不断演进，大学生应当努力培养出扎实的知识基础，深入了解当下社会的发展趋势，将理论和实践有机融合，以此来增强他们的创新思维和创业技巧。大学生的心理、身体健康状况日益完善，他们所接受的教育、培养的技能将对他们未来的职场发展产生重要的影响。此外，由于他们年轻的特点，他们更容易应对创业初期的各种挑战，并且更加坚强和勇于冒险。这样的环境不仅能够缓解大学生求职和创业的焦虑情绪，更能够给予他们专属的、针对性的就业指导。大学生拥有优秀的素养，他们的思维敏捷，对新鲜事物有着极强的适应性，并且在实践和学习中敢于挑战自我。通过参加大学生创业活动，利用互联网的优势可以获得数字化时代所需的实践技巧。此外，还可以在教师的指导下培养良好的网络思维。

随着数字化时代的到来，我国积极推动大学生自主创业，不仅提供了充足的资金支持，而且还采取了一系列有力的政策措施，以帮助企业实现网络化转型，同时大学生的创业活动也更加多元化、灵活性强。为了帮助大学生培养创新和创业能力，需要进行统一的培训，使他们能够在开放的网络环境中构建数据库，并从成功的网络商业模式中吸取灵感，深入理解人性化的商业运作机制，以便他们有更多的选择。利用网络技术，可以为大学生提供更加丰富的创业机会，实现多元化、全面的发展。它可以帮助企业更好地收集和整合市场信息，改善其内部运作流程，并且可以进行各种各样的网上营销活动。通过实训教学，鼓励大学生设计出能够帮助企业更好地运营网络活动，让他们能够从实际操作中更好地了解和掌握如何建立良好的企业、消费者和经营者三方关系。在实际操作和有效沟通中，加深大学生对企业运作的了解，并将其融入未来的创业活动中，以更加贴近人心的方式提供高质量的产品和服务。在这个数字时代，大学生可以借助多种方式获取创新创业知识，包括利用透明和数字化的网络平台，以及专家的指导来提高自己的能力。此外，还可以不断完善教学和培训。利用先进的多媒体、VR等视觉技术，打造一个充满活力、富有挑战性的实践课堂，并经过观察学生的课堂表现，获取客观的数据，以深入洞察他们的创新思维、创新能力的发展状态。

高校应该成为一个提供优秀技能的平台，以便更好地帮助大学生发掘潜力并促进他们的创业和就业。为此，我们应该扬弃传统的教育模式，并通过各种各样的实践活动来帮助大学生更好地了解和掌握创新和创业的技巧。所有的高等教育活动的核心目的都在于，培养大学生的创业潜力，提升他们的专业技能，激发他们的勇气和创新精神，来满足社会对高素质的人才的需求，并且不断改进和完善创新和创业的标准。深入研究当前社会的发展趋势，不断完善和改进创业创新的教学理念，利用先进的教育技术，让大学生拥有更多的创业经历，并且在课堂上给予他们充分的实践机会，以扩展他们的视野。借助互联网技术，将传统的大学生创业案例与现代的创新理念相结合，让大学生在课余时间能够更好地参与到社会实践中去。为了更好地帮助大学生成长和发展，教师可以在大学里提供一个实践性的培训平台，鼓励他们培养创新思维，勇于接受创业失败的挑战，保持着积极的态度。教师应该给予大学生充分的支持和指导，以唤醒他们的创新精神和创业欲望，鼓励他们进行实践性的探索，并且给予他们更加丰富的专业选择机会，以便他们能够更好地完成创业的任务。为了鼓励大学生参与到创业活动中，教师应该向学校的高层领导提出申请，获得精神和物质支持，以帮助大学生实现自己的梦想。引入灵活的学制，鼓励大学生在校园里进行创业，并且为他们提供一个可以自由发挥的平台。还可以通过多种途径，如科研实验、社会实践和课堂教学，来培养他们的创新创业能力，并且建立一个专门的创业指导平台，以激励他们勇于挑战。

为了提升大学生的创新创业能力，必须加强高校和企业的合作。这些企业应该发挥其指导和引领的作用，并且应该积极参与教育宣传和推广。还应该共同努力建立一个公共服务体系，以便为人才培养提供更好的基础，并为他们提供一个良好的创新和创业环境。投入大量资源来支持和鼓励创新，并在此基础上构建一个专门的创业教育平台，以推动产业的整合发展，增强企业与学校的协同配合，培养出更多优秀的人才，并利用精心策划的方案，实现人才与科技的有机结合。大学生通过实际操作和深入研究，可以更好地理解当前的市场情况，并将所获得的科技成果转化为可持续的发展。为此，需要在学校内部建立一个融合了产学研的综合实践教育体系，促进企业、高校和科研机构之间的协同发展，开发具有先进技术的人才培训计划，旨在提升大学生的创新和创业能力，建立一个全面的人才创新创业能力评估机制。

想让大学生具备创新创业的能力，需要在教师的指导下，引导大学生建立健康的人生态度、价值观念以及培养良好的道德品质，并贯彻立德树人的教育理念，打造一个集产学研于一身的人才培养平台。让大学生掌握专业知识，深入地了解市场和企业，应该加强对他们的培训，以便他们能够更好地成长为高素质的创新型人才。为此，教师应该加强对创新创业人才的培养，并为他们提供一个共同成长的平台，以便他们能够在校内外获得更多的指导。通过整合高校的教育资源，运用先进的数字技术，建立一个融合校园和社会的创新创业指导平台，鼓励大学生积极参与其中，以实现专业课程、基础理论知识和创新创业实践的有机融合，强调大学生的主体性，加强他们的自律，让他们在实践中发掘自己的兴趣，培养他们的创新思维和创业技能，从而提升他们的综合素质。

随着数字时代的到来，大学生的创业活动受益于信息技术和互联网技术的发展，因此将这些技术纳入数字化教育体系显得尤为必要。为此，应该建立一个全面的数字化创业平台，以便及时收集和整合各类创业资讯，并且能够迅速地进行数据筛查。利用先进的数字技术，可以实现更加精确的指导，让教师和大学生之间能够实现无缝的沟通，打破了传统的时空局限。当大学生渴望创业时，可以利用数字化创业平台获取最新的市场趋势，并对相似行业的商机进行深入研究，从而获得准确的数据支持，以满足他们的创业需求。尽管有些学生缺乏创业的热情，但是教师仍然可以借助数字化技术平台来帮助他们提升创新创业的能力，并且给予他们有针对性的指导，让他们树立起终身学习的信念，从而为他们的未来自主创业打下坚实的基石。为了推广创新和创业，大学已经投入了大量的资源来打造一个学习平台，不断地完善和更新教育指南，推出各种各样的学习APP和实践活动。利用互联网技术，从传统的课堂到数字化的教室，充分应用微课、慕课等新媒体，获取更多的创业指导，并且获得来自专家、名师的精彩讲座，从而更好地理解和掌握创业知识，解决自身的创业困境。

学校大力投入资源，打造一个完善的创新创业指导平台，以满足大学生的需求，有效整合社会上大量的信息，以及提供一个真实的创新创业环境，使得大学生能够从实践中获取有价值的经验，更好地预测未来的创业趋势，获得的知识转化为可操作的经验。保证大学生的专业技能得到充分发展前提下，定期为他们提供创新和创业实践项目，并以他们为中心，对当前的创业环境进行全面评估。当发现优秀的创新创业项目时，提供资金支持，帮助大学生更有信心地投身于市场。要想培养大学生的创新创业能力，教师应该更加注重与其他部门的协同配合，根据当前的市场情况来更新课程内容，按照大学生的特点来进行教育，以满足他们的个性化需求，提升大学生的创新思维，培养他们的领导、观察、决策等技能，并结合他们的专业背景，制订出科学的课程计划。课程重点放在如何帮助大学生进行创新创业，提供专业的商务礼仪与商业营销的培训方面，还会提供更多的实际操作项目，帮助他们更好地应对挑战，利用互联网+技术来提供全面的培训。

为了建立一支专业的教师团队，应该招募优秀的专业教师，将他们的知识和经验纳入创业课程体系，并定期邀请知名的专家、学者以及杰出的企业家前来授课，以提供富有实战性的创新型教育。组织一系列的培训活动，以提升教师的业务水平。专职教师将给大学生带来经济、心理和人际交往等方面的知识，并且通过实践项目的设计，帮助他们增强自主实践的能力，从而培养出良好的创新创业思维。为了提升学校的师资水平，将严格审核和评估创新创业指导教师的任职资质，并定期举办培训课程，以培养他们的市场洞察力。同时，也将鼓励他们积极参与实践，提高自身的管理技能，并且提高他们的工作报酬，以此来提升他们的职业素质和创新精神。

随着高校毕业生人数的不断增加，以及数字化技术的广泛使用，为了更好地引领大学生走向创新创业的道路，必须加强对创新创业的教育，营造良好的学习环境，完善顶层规划，建立起高校、企业和社会之间的有效沟通，并将互联网思维纳入课程教学体系之中。构建一个全面的创新创业教育体系，旨在帮助大学生掌握更全面的创业知识和技能，并结合各类实践活动，汇集优秀的师资队伍，满足他们的不同发展需求，从而制订出一套完善的创新创业人才培养计划。采用实践教育的方法，可以有效地推动高质量的就业，培养大学生的信息敏锐性，让他们更好地抓住创新创业的机遇，深入理解数字化时代的企业运作模式，进而提升他们的就业竞争力，为我国的社会经济发展做出贡献。

2.5.5　培养体系与评价体系的同步创新

在完善的教育制度框架内，高校应当加强对教师的培养，以提升他们的教学水平和综合素养，而非局限于传授本专业的技术和实践经验。部分教师没有丰富的创新创业实践经验，所以能够提供宝贵的知识和经验十分有限。学校应该招募一批拥有丰富经验的创新创业指导教师，并且定期对他们进行培训，以确保他们拥有优秀的教学技巧和知识储备。此外，还应该把成功的案例详细地展示给大学生，并且清晰地向他们阐述创新创业的挑战，在他们遇到问题时，也要及时地帮助他们解决，从而提升他们的创新创业能力。

为了确保创新创业教学课程的质量，必须建立一个有效的评估机制来衡量其真正的教学效果，这个机制应该从两个方面来考虑：一是对大学生的表现进行全面的考核。二是对教师的表现进行考核。大学生方面，使用网络学习软件，为大学生的创新创业提供实践模拟。教师应该根据大学生的实际表现和课堂表现，给予客观、公正的评估，以便更好地了解他们的真实水平。如果发现有任何不足，应该立即提醒他们加强补充。教师方面，大学生们应当积极参与到课堂上来，以便了解教师的教学方法、技巧、态度，并且要求教师不断改进，以确保创新创业课程的高水平。建立一个双向的教学评估机制帮助大学生们更加全面、准确地掌握知识，从而促进他们的创新和创业能力的培养，同时也可以及时发现和纠正当前的教学状态。

2.5.5.1 构建衡量大学生创造力的量化评估体系

①通过量化评估提高创新思维能力。通过对大脑机制的深入探索，能够更加清楚地理解创新能力和个人品格的相互影响。此外，教师还可以通过"授之以渔"的教学实践设计出具有挑战性的认知任务，并运用创新的思考模式，来帮助大学生更好地发挥自身的潜能，培养他们的创新创业能力，最终达到"授之以渔"的人才培养目标。采用创新的教学方法，结合心理学原理和实践考核，可以更精确地评估大学生的创造性思维能力，从而更好地推广新型创新创业教学培育模式。

②评估大学生的学业表现和进步的方法。考核标准多样化，课程包括课堂和课外两个部分。课堂上，通过互动问答和讲师的量化评分，评估大学生的表现。课外，通过小组探究的方式，收集相关资料，共同完成课程的设计，并在课堂讨论中展示自己的研究成果，根据完成情况给予适当的评分。根据大学生的课堂表现、作业完成情况、互动问答、实验、小组探讨等，将课堂和考试的权重分配为50%，在本次测试中，课程的比重为5%，作业的比重为10%，而互动问答、实验和小组探讨的比重则各自为15%，因此最终的测试结果也将以上述比重为基础。

③通过跟踪调查毕业生评价创新创业能力提高情况。以往的教育理念和培训计划更多地关注于提升大学生的学术技能，却忽视了他们毕业后可以获得的实践技能，从而限制了其就业前景的发展，这种做法不利于培养出优秀的工程技术人才。因此，在制订教学计划时，教师应该更加关注大学生毕业后的实际工作能力的发展。为了让大学生毕业后能够更好地适应社会，还应该及时收集有关毕业生的信息，并与他们的就业单位保持联系，以便了解他们所需的知识和技能。同时，应该及时、准确地向学校反馈这些信息，建立一个完整的评估体系，不断改进和优化课程体系，并为制定教学大纲和培养方案提供依据。

2.5.5.2 完善创业教育制度和体系

为了建立完善的创业课程，教师需要在以下方面做出重大的调整：需要持续地更新教科书，使之与当今的社会发展保持同步，并将现有的创业经验与大学生的实践活动紧密联系起来，激励他们的创造力。针对当前的社会发展趋势，深入分析大学生的实际情况，并将他们的意见融入教材中，不断改进，使之更加符合当前的社会发展趋势。此外，还要重视课程的多样化，加强对于创新型人才的培训，如建立一个专门的商科院校，引入多种商科类型的专业，并且引入一些具有针对性的就业指导项目，帮助学员把握就业机遇，发挥个人潜质，更好地服务于社会发展。采用先进的教育手段，不仅要采用纸质化教学，而且要利用现代科学的教育手段，如计算机白板、多媒体教学等，充分调动使用者的阅读积极性、阅读潜质、阅读兴趣爱好以及主动性。为了更好地促进大学生的创新思维和实践能力，应该改进创新创业教育体系，为那些有意愿参与到创新实践中来的大学生提供更多的机会，让他们有更多的机会发挥自己的才能。为了激发大学生的创新精神，鼓励他们去尝试创业，并且给予他们创新创业的学分，以此来提高他们的学习竞争力，使他们能够在学习和实践中取得双赢的局面，从而为推动大学生创新创业提供有力的支撑。

2.5.5.3 重塑创新和创业的培养和实践机制

①创建学校的创新创业精神文化。大学生创新创业教育旨在帮助他们建立起自主思考、勇于挑战、敢于尝试的能力，并为他们打造一个充满活力、充满激情的创业环境。需要根据不同学院的特点，举办具有影响力的学术、科研、文化活动。还要鼓励并支持大学生参与创新型社团的建设，以促进该领域的繁荣。高校应该积极关注并为创新和创业社团提供必要的资金和设施。此外，应该加强对社团成员的培养和管理，以提高他们的专业能力。为了更好地建立社团与社会之间的紧密关系，应该积极鼓励并指导社团参观校外的创业项目，以便更好地将其与企业的资源相结合，从而有效提升其综合实力，并将其所取得的创新成果转化。此外，还应当采取各种方法来推广创新创业知识，并定期组织相关的创业沙龙活动。通过这些措施可以拓展大学生的创造力，提升他们的创造性，并为他们的实际应用带来更多的成就。

②搭建创新创业竞赛训练平台。基于第二课堂,教师将通过举办由政府、企业主办的各种大学生创新创业比赛,为不同水平的大学生提供一个公开的、公正的、公开的、公开的比赛环境,以激发他们的潜能,促进他们的发展。积极推广"全国性的大学生创新和创业培训计划""大学生自主创新研究基金(研究生)建设项目"等创新研究,并且不断加大对大学生的支持,每年拨款1 000万元,用于支持大学生的学习,鼓励他们在理论与实际相结合的基础上,参与到多学科的创新型创业中,形成一支由不同学科、不同学龄段的学子共同参与的创新创业团队,从而发挥他们的最大潜力,获得最大的社会效益。为了鼓励大学生的创造力,可以定在每一年拨出100万元的财政投入,用于建立一个由高等教育机构提供的奖励机制,以及一个用于鼓励大学生进行科研、实践、创新创业能力的奖励机制。"互联网+""创年轻""挑战杯"、计算机数学模型、环保意识、人工智能机器人和电子产品的比赛,以及其他各类全国性比赛,都将为大学生提供更多的知识和经验。为了更好地培养和锻炼大学生的创新创业能力,教师建立一个创新创业比赛的平台,这个平台将比赛和培养大学生的创新创业能力紧密联系在一起,能够更好地帮助他们在实践中取得更好的表现;此外,这个平台还能够帮助教师了解和评估不同院系的学生,从而有效指导他们的创新和实践。

③重塑创新创业教学体系。为了促进创新创业培育,高校应该提供多种选修和必修课程,并将其作为学分管理的重要组成部分。许多高校建立了以第二课堂为核心的大学生创业教育体系。重新设计了大学生创业教育第二学位课程体系,将其分为三个主要模块:创业知识、创业素养和创业实践。这些模块包括3个部分,每个部分都有一个独立的目标,并且按照不同的阶段进行完善。其中,创业知识模块课程旨在深入研究创业的各个方面,涵盖了从基础到高级的知识,以及其他相关内容,包括但不限于创业理念、经济学原理、法律规定、风险控制、财务管理、融资策划、人力资源管理、市场营销理念和实践、项目评估、战略规划和运营管理。通过这些模块,大学生将能够更好地理解和掌握创业的各种知识,并在实践中发挥作用。创业素质模块课程本次创业素质模块课程旨在培养大学生的团

队合作能力、领导技巧、商务礼仪、谈判技巧、文字表达能力、情感控制能力以及创新思维能力，并以实际案例为基础，帮助大学生更好地实现创业梦想。创业实践模块课程旨在帮助大学生进行创业实践，通过对成功企业家的采访、实地考察和制定详细的创业规划。创新创业的教育理念，不仅让大学生更加清楚地认识到自己的创业潜力，而且还为他们的创业活动提供了有效的指导。

3 大学生创新创业价值观塑造

3.1 大学生创新创业价值观塑造的必要性

3.1.1 创新创业价值观在能力塑造上具有主体性

创新创业价值观源于每个人独特的想法，这些想法可以通过他们的日常行动来表现。当今，创新创业已作为推进经济的主要力量，在这种背景之下，必须加强高等学校的创新创业教学，让大学生能够更好地适应当前的市场环境，并且能够应用知识，推进经济和社会的可持续发展。从国家创新战略的角度来看，高校进行创新创业教育有着重要的意义。通过培育富有创造力、勇于担当实际的创新创业人才，可以有效地推动社会的稳定和谐发展。创造力和创新能力的发展取决于一个人的独立思考和决策。作为一种自我实践的能力，一个具备独立思考和决策能力的人，他们的价值观和行为方式都能够帮助他们实现自己的目标。由于创业主体的多样性，大学生在创业目标的确定、行为的选择等方面存在着明显的差异，这也使得他们在创业实践中表现出了独特的个性。因此，每一位大学生都会根据自身的认知和实践，形成属于自己的创新创业价值观，从而彰显出他们的主体性。通过创新创业教育，希望能够激发大学生的独立思考能力，培养他们的创业精神，让他们能够更加积极地去理解、体验、探索和实践，从而充分发挥自己的创造力。

3.1.2 创新创业价值观在能力塑造上具有发展导向性

创新创业价值观是一种指导性的理念，它能够帮助大学生理解创新创业的概念，并且为他们提供一个明确的价值目标，以便他们能够更好地选择自己的行动方向。"创新创业有没有价值""创新创业有多大价值""创新创业有什么价值"是一种指导性的价值观，它能够帮助大学生明确自己的目标，并且有效地实现这些目标。创新和创业的价值观是指导大学生如何进行创新和创业的核心理念，并且是指导他们如何实现这些目标的重要因素。它是促进大学生创新和创业的重要动力。

3.1.3 创新创业价值观在能力塑造上具有超知识性

创新创业教育内容既涵盖了关于创新创业的理论，又涵盖了关于这个领域的具体经历。创新创业教育旨在培养大学生的创造性思维，让他们能够在挑战中发展，同时培养他们的独立思考能力。此外，创新创业教育还能够指导他们如何在竞争激烈的市场中获得竞争优势，以及如何在这个领域中发展。通过将"知道什么""懂得什么"与"相信什么""想要什么"相结合，大学生可以更好地理解创新创业的过程，从而使其既能够传授价值，又能够让大学生从中获得经验。知识不仅可以作为价值的指导，更可以作为大学生做出正确决策的重要参考。根据"知道什么"和"想要什么"的理论，促使大学生理解和评估现代社会的发展趋势，进而更好地做出正确的决策，以及采取更加积极的行动。然而，即使大学生掌握"什么是创新创业""创新创业如何发展"中的理论，也可能无法真正意识到创新和创业的重要性，从而无法积极参与和推广这些理论和技术。当大学生缺乏实际的经历或者了解时，创新创业价值观可能无法发挥出它应具备的正面影响力。

3.1.4 创新创业价值观在能力塑造上具有变化性

创新和创业的价值观并非固定不变，而是在不断演进和变化。在当今这个充满活力的社会，大学生的创新创业价值观反映了他们对于创新创业的看法，以及它的意义和影响。这种价值观既具有个体差异性，也可能随着时间的推移而发生变化；在不同地区有所不同。由于每个人的价值观都有所差异，当谈及创业时，大学生们的看法可能各异。同时，价值观并非一成不变，它可能会因为环境的改变而出现新的、有趣的、可能持续的变化。由于地理位置的差异，以及当地的政治、经济、文化等多种因素的影响，如长三角地区的大学生更加积极地参与到创新创业中，他们的价值观得到了更多的肯定，而西北地区的大学生则更加谨慎，他们的价值观得到的认同相对较低，这种区域特色显著地体现了这些地区的差异，反映了一种跨越地域的特点。由于各种文化和价值观的影响，中外大学生之间也有所差异。

3.1.5 创新创业价值观在能力塑造上具有规范性

在新时代，创新创业价值观被赋予了更高的规范性，它不仅限制了大学生的创新创业行为，也影响了"怎样行动"的实施。因此，政府应当加强对大学生创新创业价值观的规范，以制定合理的政策、法规和文化，促进大学生的创新创业活动朝着正确的方向发展。通过建立创新创业的个人价值观，大学生可以在内心深处树立一套客观的评价标准，以此来衡量他们的创新创业行为是否合法，并且能够有效地控制、约束和调整自己的行为。

3.2 新时代大学生创新创业价值观塑造的主要维度

3.2.1 大学生需具有家国情怀

大学生创新创业已成为推动社会经济发展的重要力量。在这个过程中，如何塑造兼具创新精神与家国情怀的价值观显得尤为关键。大学生作为国家的未来与希望，他们的创新创业活动不仅关乎个人的成长与发展，更关乎国家的繁荣与进步。因此，将家国情怀融入创新创业，是新时代对大学生的殷切期待，也是他们实现自我价值和社会责任的重要途径。

3.2.1.1 创新创业与家国情怀的交汇

大学生创新创业不仅被视为个人发展的重要途径，更被视为推动国家进步和社会变革的重要力量。随着国家对创新创业的大力支持和全球科技日新月异的变革，大学生在创新创业过程中所展现出的家国情怀，成为一个尤为值得关注的现象。这种情怀不仅仅是对祖国的热爱，更包含了对社会责任的担当，对民族复兴的期盼，以及对国家未来发展的积极参与。

家国情怀与创新创业的交汇，既体现在个人价值的追求上，也体现在对社会问题的解决与经济发展的推动上。在"大众创业，万众创新"的政策倡导下，大学生们正以崭新的姿态和前所未有的活力，将专业知识与社会需求紧密结合，用实际行动践行家国情怀。他们的创新创业项目不仅体现了个人的创新思维和专业技能，更反映了他们对社会进步、人民福祉的深切关注。

以"挑战杯"和"互联网+"等创新创业大赛为例，这些平台不仅为大学生提供了展现才能的舞台，还通过激烈的竞争和合作，激发了青年们的创新精神和团队协作能力。在这些大赛中，涌现出的项目涵盖了环保、科技、教育、健康等众多领域，其中不乏关注社会问题、解决实际需求的创新解决方案，如心理测评服务、活性肽研发、MEMS芯片等。这些项目不仅体现了科技创新的力量，也展示了青年对社会价值的追求，他们将个人的创业梦想与国家的发展战略相融合，以实际行动诠释了新时代的家国情怀。

青年红色筑梦之旅等活动，鼓励大学生深入乡村，运用专业知识助力乡村发展，通过实实在在的项目落地，将知识、技术与扶贫相结合，进一步巩固了家国情怀在创新创业中的实践。这样的活动既帮助了乡村经济的振兴，也培养了大学生的社会责任感，使他们更深刻地理解到创新创业与国家命运的紧密联系。

在新东方集团董事长俞敏洪的演讲中，他强调了创业者应具备的乐观主义精神和对社会的深刻洞察，以及将创业视为生命价值的实现，而非单纯追求金钱。这种理念倡导的正是将个人发展与国家、民族的未来紧密相连，将家国情怀融入日常的创新创业实践中。

3.2.1.2 大学生创新创业价值观的塑造维度

在新时代的创新创业背景下，大学生价值观的塑造受到了前所未有的挑战和机遇。他们的价值观在创新思维、创业实践、社会责任和家国情怀四个维度上得到了深入的塑造和提升，从而在个人发展和社会进步的交汇点上找到自己的定位。

创新思维是创新创业价值观的核心支柱。在高等教育日益普及的今天，大学生们不再满足于传统的学习模式，而是追求知识的创新应用和问题的原创性解决。他们通过参加各类创新创业大赛，如"挑战杯"和"互联网+"大赛，锻炼和提高了独立思考和创新解决问题的能力。在这些平台上，他们不断挑战自我，将所学知识与实际需求结合，创造出具有市场潜力的创新产品和服务，从而在实践中培养了敢于突破、勇于创新的思维习惯。

创业实践则是价值观塑造的实战舞台。大学生通过创办企业（Startups）、参与创业项目，亲身体验商业运营的各个环节，从市场调研、产品设计到团队管理、市场营销，每个步骤都考验着他们的决策能力、团队协作精神和领导力。他们在创业实践中不断试错、学习，学会从失败中汲取经验，培养了坚韧不拔的创业精神和对未知的探索精神。这种实践经历使他们更加理解和珍视团队合作，认识到个体价值与整体成功之间的紧密联系。

社会责任的重视则体现了大学生对于创新创业价值的深层理解。在创新创业过程中，他们不再仅仅追求个人利益的最大化，而是开始关注社会问题的解决和公共利益的维护。他们通过参与青年红色筑梦之旅等项目，利用专业知识为乡村发展贡献力量，践行绿色可持续发展，展现出对社会公正和环境友好的责任感。这种价值观的塑造，让大学生们在追求个人成功的同时，也关注到社会的福祉，从而实现个人成就与社会责任的平衡。

家国情怀是大学生创新创业价值观的深厚底色。如复旦大学的"家国情怀——文化遗产赋能乡村振兴"项目，表现出大学生对国家历史文化的热爱，以及对乡村振兴的责任感。他们将个人的才能与国家的发展目标相结合，用实际行动为实现中国梦贡献力量。这种家国情怀的培养，使得大学生在创新创业中始终不忘根植于中华民族的历史文化土壤，以国家的繁荣和民族的振兴为己任，从而赋予他们创新创业以更高的追求和意义。

新时代大学生创新创业价值观的塑造，是多维度的、深入的，它在创新思维、创业实践、社会责任和家国情怀的交织中得以升华。通过这些实践和思考，大学生们不仅积累了宝贵的个人财富，也成为推动社会进步和国家发展的重要力量。他们的价值观塑造过程，既是对个人成长的深度塑造，也是对国家未来发展的积极贡献。在这一过程中，家国情怀始终是他们创新创业道路上的灯塔，引领他们前行，照亮他们与国家共同前进的道路。

3.2.1.3　家国情怀在创新创业中的实践与提升

在新时代的浪潮中，大学生创新创业的实践与家国情怀的融合，不仅体现在个人价值的追求上，更在解决社会问题、推动经济发展中发挥了重要作用。这种情怀的深入实践，一方面塑造了大学生的创新创业价值观，另一方面也对个人成长和社会进步产生了深远影响。

通过创新创业大赛，如"挑战杯"和"互联网+"，大学生们不仅磨炼了创新思维和创业能力，更在解决实际问题和推动科技转化的过程中，不断强化了家国情怀。这些比赛不仅提供了展示才华的舞台，还通过竞争与合作，培养了他们对社会价值的深刻理解与追求。例如，心理测评服务、活性肽研发等项目，不仅展示了科技创新的力量，还体现了他们对社会福祉的关注，将个人梦想与国家发展战略紧密相连。

大学生红色筑梦之旅等活动，赋予了家国情怀更具体的实践意义。他们将专业知识应用于乡村发展，通过落地项目，实现了知识、技术与扶贫的有效结合，不仅促进了乡村经济的振兴，也塑造了他们的社会责任感。这种实践活动，进一步加深了他们对家国情怀的理解，同时增强了他们对社会公正和环境友好的认识。

再者，如企业家俞敏洪的教导，强调了创业的深度价值，即实现个人生命价值的同时，积极回馈社会。这种理念在大学生创新创业中得到了体现，他们将个人发展与国家命运紧密相连，将家国情怀融入日常的创新创业实践中，展现出新时代青年的责任与担当。

复旦大学的"家国情怀——文化遗产赋能乡村振兴"项目，是大学生将专业技能与社会需求相融合的典范。这样的创新实践，既展示了他们对国家历史文化的热爱，也体现了他们对乡村振兴的职责，为其他大学生提供了将家国情怀与创新创业实际结合的榜样。

大学生在创新创业中融入家国情怀，不仅提升了他们的创新能力、创业精神，也强化了他们的社会责任感和对国家的归属感。这种融合不仅有利于个人成长，更有利于推动社会进步，为国家未来的繁荣和发展奠定了坚实的人才基础。在未来的道路上，大学生们将继续在创新创业的道路上践行家国情怀，以此为指引，为实现中华民族伟大复兴的中国梦贡献自己的一份力量。

总之，大学生在创新创业的道路上，应以家国情怀为导向，将个人理想与国家需求紧密结合。在追求经济效益的同时，不忘社会责任，实现个人价值与社会价值的统一。

通过教育引导和实践锻炼，培养出兼具创新精神、家国情怀和强烈社会责任感的新型创业者，他们将成为推动我国经济社会发展，实现中华民族伟大复兴的重要力量。面对未来，我们期待更多大学生以实际行动诠释创新创业与家国情怀的深度融合，书写属于他们的时代篇章。

3.2.2 大学生需具有敢于探索的动力

"敢于探索"是一种勇于挑战新事物、引领潮流的精神。作为先行者需要拥有足够的智慧和远见，能够洞察未来发展的趋势，并且勇于接受挑战，不畏惧失败。创业充满了挑战和机遇，而且这些挑战和机遇会伴随着整个创业的进程。为了实现自己的梦想，大学生应该拥有坚强的创业决心，仔细研究现状，制订明确的未来发展规划，培养出自主、勇敢、果敢的品质。推动创新创业实践帮助大学生加强专业技能和综合素养，提升他们的创新能力和竞争力。

勇于冒险，一是展现出勇于开拓的精神。就是要勇于挑战、勇于探索、勇于创新，勇于引领时代潮流、勇于拥抱变革、勇于把握先机，赢得发展的主动权。在创新创业教育中，大学生应该拥有勇于挑战的精神、勇于打破传统思维模式、勇于接受挑战、不畏艰辛、勇往直前、勇于开拓、勇于超越，"要有勇往直前、勇攀高峰的意志，为了创新创造而奋斗"。二是具有坚强的创业决心。创业是一个充满挑战的过程，它既可能带来巨大的收益，也可能伴随着巨大的风险。只有具有坚强的创业决心的人才能够克服一切困难，最终取得成功。

首先，倡导创新。创新是一个民族蓬勃发展的灵魂，是国家繁荣兴旺的源动力，更是中华民族最宝贵的财产。在剧烈的国际竞争中，唯有不断创新才能取得胜利，唯有不断创新才能实现强大。青年人拥有活跃的思维、充沛的精力和对新事物的接纳能力，是创新创业的重要力量。有学者指出，创新的最佳时机是25~45岁，最佳创新年龄则是37岁，而首次获得成功的创新则是在33岁左右。这项研究证明了在青少年时期对于促进创新创业至关重要。而大学是一个重要的阶段，它为"黄金期"打下了坚实的基础。为了培养大学生的创新精神，高校应该建立一个有效的培养体系，帮助他们树立创新意识，并将其内化为自觉的追求。

其次，善创业。大学生应该拥有活跃的思维、较高的知识水平和强大的创新能力，这些都有助于他们成为具有潜力的创业者。机会型创业旨在寻求新的商机，它们具备较高的技术水平，并具备巨大的潜力，帮助个体实现就业的同时还能够带来更多的收入，从而促进经济健康发展与社会进步。因此，大学生应该充分利用创新知识，积极参与机会型创业，能够为他们的发展提供强有力的支持，也能够为社会的进步做出贡献。鼓励大学生参与机会型创业，但同时也应该重视他们通过自己的努力和勤奋来实现的生存型创业，因为这样既可以帮助他们解决就业难题，又能缓解社会的就业压力。

最后，能创造。探索真相与发现价值是人类行为的两大准则，它们构成了人类行为的核心。价值的产生源于我们的努力，而发现价值又是行为的最终目标。创新创业是一种充满活力的实践行为，它不仅是追求金钱、权力、猎奇，更是一种追求自我价值的行为，它能够帮助大学生获得成功，并且能够为社会做出贡献。他们的愿景远大，不只是简单地改善或调整现状，而是要求自己创造出独特的价值，让客户感受到极大的满足，把原本的"物质"变为"资源"，并将其组合成一种更具活力的结构。创新创业的核心目标是为客户带来更多的价值，"价值"不仅涵盖了经济上的收益，还涵盖了社会上的贡献以及个人的成长。因此，可以明白许多大学生参与创新创业的目的，即获取财务收益，而这种财务收益最终反映出的是他们的经济价值。

要想获得更高的财务收益，大学生必须通过创新创业来实现财务自主，以便获得更丰厚的回报。所以，大学生在创新创业中获得财富和成功并非一件令人羞耻的事情，而是一种有益的机会，因为它能够为他们提供更好的物质基础，从而促进他们的全面发展。但是强烈反对以追求财富为唯一的、最高的目标，也不能把自己的创新和创业成就置于牺牲集体利益的境地。大学生应该在创新和创业过程中不仅为自己带来经济价值，还为社会做出贡献。通过创新和创业，不仅要满足人们的物质需求，更要追求美好生活；推动经济发展，更要解决发展不平衡、不充分的问题，以此来展示社会责任感。利用创新和创业的力量，促进经济和社会的发展，提升人们的生活质量。创新创业不只是一种思考、推理和行动的方式，更是一种深刻的哲学，它不仅能够提升个人价值，而且能够激发出更多的潜能，让个人的价值得到更大的发挥。创业是一种激励人们追求梦想的精神，它鼓励人们勇敢地探索未知，不断尝试新的可能性，以及寻找一种能够满足他们自身需求、实现自身愿望、改变自身生活方式的商机。

3.2.3　大学生需具有艰苦奋斗的精神

中华民族历来以勤劳勇敢著称，无论是在革命、社会主义建设中，还是当今的发展阶段，中国共产党都坚持不懈地推动中国人民的发展与进步。由于大学生的社会经验较少，他们在走向职场的过程中可能会遇到许多挑战。因此，我们应该振作起来，勇于接受挑战，克服创业的困境，不断磨炼自己的意志，以期成为一名优秀的创业者，促进社会的进步。习近平总书记在庆祝五四运动一百周年的演说中强调：新时代的青年要勇于挑战极限，奋斗是青春最耀眼的光芒。如今，我们的生活水平有了显著提高，但我们仍然要继承和发扬中国青年永不放弃的精神。在这场演讲中，"奋斗"这一词语连续用了26次，表达了他对当代青年的强烈鼓励和希望。在创新创业的道路上，除了受到外界的巨大挑战，还会面临内心的矛盾冲突以及双重困境——当一个人处于 20 岁时，他的驱动力与精力最强，而智慧与判断力却跟不上；当他到 50 岁时，这种状态又完全颠倒了。因此，大学生应该坚守奋斗的价值观，并且勇于挑战创新和创业，以期能够充分发挥自己的潜能，为社会做出贡献。勇于挑战极限，在创新创业中不断进取，具体表现为艰苦奋斗、公平竞争、团结协作。

首先是艰苦奋斗。中华民族一直秉承着艰苦奋斗的精神，中国共产党在推动中国社会发展的过程中，不断开拓前进，谱写了一部充满激情、勇气的创业史。以红色的船只为起点，井冈山的精神激励着我们前行，延安、西柏坡、大庆、"两弹一星"、抗洪、抗震、载人航天、塞罕坝等精神，无不折射出艰苦奋斗的精神风采，激励我们不断前行，勇往直前。历史上的教训表明，创业是一项极具挑战性的事情。在当今这个快节奏的社会，大学生的创新创业活动面临着巨大的挑战和困难。相比以往的快速致富，如今的创业活动更加复杂，企业想要达到稳定的发展，必须花费 5～10 年的时间和精力。杰弗里·迪蒙斯和小斯蒂芬·斯皮内利曾形容创业者的旅途为一段充满挑战的冒险之路：他们要经历各种地形、天气条件的考验，从阳光明媚的高速公路，到曲折蜿蜒的羊肠小路，有时会被困在绝境，有时又会在荒无人烟的路上耗尽汽油，有时甚至在最不可预料的时刻车胎爆裂……通过这段话可以清晰地看出，不确定性和压力始终是创业者的主要挑战。虽然大学生创新创业的道路充满挑战，但他们仍然应该坚定信念，勇于接受挑战，勇于面对困境，勇于承担责任，坚定地追求自己的梦想，这样，他们才能够实现自己的创新创业之路。在创新创业中，应该培养大学生的智慧和意志品质，而不仅仅是依靠艰苦的努力。历史已经证明，只有勇于挑战的人，才能够在这个竞争激烈的时代取得最终的胜利。

其次是公平竞争。在当今的市场经济环境下，大学生的创新和创业活动变得更加重要。所有的市场交易都是以协议为基础的，各主体享有平等的法律地位、权利能力和适用法律的权利，他们的权益也受到法律的平等保护。在社会主义市场经济中，为了保证市场的公平、公正和秩序，所有参与者必须严格遵守相关的法律法规、市场准入和交易规范。通过加强对创新创业的价值观培养，促进公平竞争意识的形成，让大学生能够更好地遵守法律、尊重合同，在法律的框架内充分发挥智慧，实现自主创新，从而实现合理的创新创业目标。

最后是团结协作。随着当今信息时代的到来、技术的飞速发展，单靠个体的智慧和能力已经不足以满足当今的需求，因此建立起一支高效的科研团队，不仅可以推动科学技术的进步，而且可以为企业带来更多的经济效益，从而使企业获得更多的竞争优势。创业也是同样的道理，只靠一位创业者的努力很难取得巨大的进步。因此，建立一支强大的团队对于实现商业目标至关重要。只要每个人都尽自己最大的努力，就一定会取得巨大的进步。研究表明，20世纪60年代以来，104个高科技企业中，年销售额达到500万美元或更多的高增长企业中，有超过半数是由团队共同发起的。这表明，当今只有通过团队合作才有可能实现真正的知识创新。团队协同的精神可以帮助大学生克服单独奋斗的困难。优秀的企业经营者通常都具有良好的沟通技巧，可以很好地和其他人建立联系，并积极主动地与人合作、互助。通过合作，能够取其所长，补己之短；通过交流，能够获取各方信息。

3.2.4 大学生需具有崇尚劳动的观念

劳动不仅能够塑造个体，更能够塑造整个社会。而"辛勤劳动、诚信勤劳、创新性勤劳"则提倡，透过培养大学生的创新能力、创业精神，让他们感受到"辛勤劳动、诚信勤劳、创新性勤劳"的艰辛，体会到"辛勤劳动、诚信勤劳、创新性勤劳"的美好，从而培养他们崇尚、尊重、热爱劳动的精神。努力拼搏、勇于挑战的毅力以及追求卓越的专注态度，是大学生的责任所在。

首先，在辛勤劳动中不断进取。"一勤天下无难事"提供了一个有效的方法来实现创业。创业需要掌握多种学科知识，包括管理学和经济学，并且需要应对各种突发情况。因此，大学生应该抱着不畏艰辛、勇于挑战的精神，不断学习、思考和实践，以便能够更好地实现自己的目标，并且能够及时调整策略，不断进取。

其次，在诚实劳动中爱岗敬业。除了热忱地投入工作，勤奋努力也应该被视为一种美德。"一诺千金"提醒人们，坚持诚实守信，不仅是一种美好的行为，更应该成为人们的精神追求。诚实守信一直都是社会的重要价值观，它既可以帮助人们建立良好的社会关系，又可以促进经济活动的发展。马克思在《资本论》中提及，"竞争和信誉——集中的两个最强有力的杠杆"。诚实守信是建立良好信用体系的根本，诚实守信的企业才能在竞争中脱颖而出，这是一条永恒的规律。完整的市场经济需要建立在信用基础上，这种信任不仅体现在家庭关系和社会地位上，而且还包括对彼此的平等承诺和期望。在市场经济中，交易是以一致的、公平的原则进行，双方都不会因为某种特殊的原因而改变自己的权利或义务。在市场经济竞争激烈的环境下，只有秉承诚实信用的原理，才能确保社会的健康发展。因此，在创新创业中，大学生应该牢记诚实守信的理念，勇于承认错误，勇于面对挑战，用勤奋、认真、负责的精神去履行自己的职责。

最后，在创造性劳动中精益求精。创造性劳动是一种独特的工作方式，它具有多种形式。通过开展创新创业教育，帮助大学生培养创新精神，激发他们的创造力，让他们把创新创业视为一种生活方式、一种人生态度，从而实现他们的梦想。随着现代社会的不断发展，大学生正在以创新的思维和活力参与到创新创业的过程中，他们的创造性劳动正在成为当今社会经济发展的重要推手。利用科学技术和知识以有效地解决劳动中发现的问题，实现更高水平的效率和效益。针对人工智能不断发展，计算机已经取得了巨大的进步，它们不仅可以完成大部分依据预先设定的程序进行的任务，而且还可以处理一些更加复杂的任务。创新性劳动是一种不可替代的工作，它展示了人类对于自然界、社会和文化的独特理解，并且带来了丰富的收获。创新并非易事，通常需要长期的努力和毅力，甚至经历挫折才能建立起成功的基础。然而，通过专注和坚定的态度，大学生可以培养出优秀的人格，并为实现自己的梦想和幸福奋斗。若要在创新创业领域取得成功，除了必须付出艰苦的努力和诚信的行为外，还必须拥有创造力。经过创新和创业，劳动的各种形式和状态可以被有效地融合，达到更高层次的劳动效率。创新创业价值观教育旨在让大学生深刻领会到创新创业的本质，并且培养他们对劳动的尊重和崇敬，让他们明白"劳动是最光荣、最伟大、最美丽"的道理，从而更好地发挥自身的潜力，实现自己的梦想。进而通过勤奋努力、不懈追求的精神和对职业的尊重，汇聚起中华民族伟大复兴的青春活力，为实现中华民族的梦想而奋斗。

3.2.5 大学生需具有创造大美的境界

习近平总书记在全国教育大会上强调，要"培养德智体美劳全面发展的社会主义建设者和接班人"。在人的整体发展历程中，美育不可或缺。美育作为一种化育，能使人获得情感的陶冶和精神境界的提升，最终促进人的个性的充分发展和人格的完善。因此，创新创业教育的本质就是提倡通过"具有开创性的个人"，激励和推动大学生追求更高境界，以及更好地理解和掌握社会，以此来提高他们对于社会和环境变化的认知和适应能力。乔布斯指出，苹果与众不同之处在于，它既致力科技发展，又坚守着对艺术和审美的执着追求。当然，创新创业教育可以让大学生更好地理解自己所处的环境，更好地改变它，而这种理解不仅限于实际应用中的科技发展，也包括产品的外观美感。重要的是，"创造大美"旨在激发大学生的创造力，并培养他们拥有独特的个性和超越常规的人生目标，以实现自我价值的最大化，拥抱挑战，培养出独特的个体。创新创业教育旨在培养并激发大学生的创业精神，让他们能够在"具有开创性的个人"中脱颖而出。引导和鼓励个人的创造力，不仅追求财富和创业率，而且重视个人的发展，培养出具有创新和创业价值的人格特质，激励大学生拥抱变革，培养他们的创造性思维、敏锐的创新精神以及主观的创新意识，让他们在生活中不断探索，开拓出属于他们的新天地，这就是"具有开创性的个人"的宗旨。

创新创业的核心是创造价值，它不仅体现在经济上，更重要的是，它能够拓展人们的精神空间，拓展个人的视野，让人们能够超越物质的追求，获得更大的生活境界。培养创新创业价值观，就是要在激发人们自由意志的活动中，拓展他们的精神领域，提升他们的生活境界，让他们超越物质满足、现实局限，获得更大的自由。创新创业，不仅可以带来经济上的收益，还能为社会和个人带来更多的价值。为了让大学生的生活充实而美好，必须充分调动知识、意志和情感，超越物质世界，回归自由本性。随着创新创业的蓬勃发展，大学生把追求个人梦想的目标定位于实现中华民族的伟大复兴，他们的热情和勇气，以及为了国家的繁荣昌盛而不懈努力的决心，都会给他们带来无穷的动力和勇气。通过不断探索和实践，我们可以把创新创业的挑战和困难变成一种动力，从而实现自身价值，并且为社会带来更多的福祉。大学生们可以从中获取更多的快乐、更多的智慧，达到一种更高的境界，这就是人生的真谛。

3.3 新时代大学生创新创业价值观的新要求

3.3.1 发挥创业的主体性

在大学生创业价值观的教育中，应该强调主体性，以便让他们能够以科学的方式参与到创业活动中，并且能够充分发挥自身的潜力，从而实现高质量的创业。一方面，应该根据每个人的具体情况，为他们提供支持，以便他们能够找到最符合自己发展的创业之路和最佳的创业模式。另一方面，为了激励创业者，应当提供更多的自由和支持。大学生拥有更多的机会去探索未知的世界，并且能够培养出独特的创造力。

3.3.2 紧密联系实际

为了帮助大学生融入社会，必须加强他们的创新创业价值观，并且鼓励他们从日常的经历和社交环境出发，以便他们能够从中获得启示，从而获得最佳的创业机遇。因此，建议大学生从日常的经历和社交环境出发，挑选出能够满足他们的经济、技术和文化等方面的创业项目，以便他们能够获得最佳的经济效益和社会影响力。除了构筑完善的创新环境，还应该加强对大学生的教育，使他们能够将创新创业理念深深植根于日常的思维习惯，以及将其转变成具备社交的能力，从而更好地发挥自身的潜力。因此，许多高校都在积极推动大学生的创新创业发展，建立专门为大学生提供创业孵化的平台。一方面致力为大学生提供一个充满活力的创业环境,并帮助他们进行实践;另一方面为大学生提供一些真正的创业机会,帮助他们充分利用自己的才华和潜能。

3.3.3 树立包容失败意识

当大学生们踏入职场时,他们可能会感到担忧、焦虑;再者,由于创业的风险较高,他们可能会在抉择时陷入迷茫,甚至放弃自己的梦想,只为了避开可能的挫折。在当今这个充满挑战的时代,教师必须采取行动来培养大学生的责任心,让他们能够正确看待失败,并且在"创业无忧"的政策下获得充分的经济补助,社会也应该提供充足的帮助,让他们能够在创业的过程中得到充分的心理支持与经济支撑。为了帮助大学生更好地进行创业,教师应该提供有关情绪与心理的课堂,让他们更好地应对创业的挑战。

3.3.4 建立创业大格局观念

对于大学生来说,创业不仅是一种谋求财富的方式,而且还能够提升他们的生活质量,能够为社会做出贡献。应该把追求美好生活作为大学生的核心使命,鼓励他们勇于挑战,不断努力,以期获得更加完美的未来。除了改善自身的生活质量,我们还应该树立起创新的思维模式,以此为基础,推动社会的发展,为国家提供更多的就业机会,减轻就业压力。许多拥有海外教育经历的大学毕业生正在努力推广中国文化,并将其独特的产品带到世界各地。通过参与国际贸易,中国的大学生表现出了聪明、诚实、勇敢的精神,这些特点为中国的文化传统和国家形象增添了独特的魅力。

3.3.5 以实践为动力

为了促进大学生创业,应该加强对实践教育的投入,中央出台《关于大力推进大众创业万众创新若干政策措施的意见》,以激励他们积极参与创业活动,并为他们提供充足的资金支持。国家规定将对大学生的创新创业教育内容纳入课堂的教学计划当中，不仅包括基础的理论课，还包括实际操作的课堂。这样，能够帮助大学生更好地了解如何运用自己的技能和能力，还能为他们提供更多的实际操作经验，从而更好地指导他们的创新创业。

建立创业实践的框架来促进发展。通过实际操作，大学生可以深入了解并融入创业价值观。在这个过程中，不仅要学习经验，还要把理论和实际结合起来，以便达到最佳的创业效果。过去，高校重视传授理论知识和实践技能，而创业实践课程则仅仅停留在表面，无法为大学生提供一个真正有利于他们发展和成长的创业环境。在这次的大学课程改革中，将重点关注思想政治和创业就业方面的内容，以帮助大学生更好地进行实践和实习。为了鼓励更多的创新思维，可以邀请各种不同领域的企业和政府组织的创业比赛；还可以挑选出在全国范围内表现优异的大学生，为他们提供丰厚的奖励。除此之外，为了更有效地帮助大学生实现创业梦想，可以在高校、企业、政府等多个领域设立专职的创业顾问团队，为他们提供全面的技术支持、财务保障等服务。

3.4 大学生创新创业价值观的现实困境

3.4.1 利益至上

一方面，许多大学生在初次创业时缺乏准确的认知，过于急功近利，渴望一夜暴富，过度关注市场动向，而忽视了稳扎稳打、一步一个脚印的重要性。另一方面，许多大学生在创业的道路上一旦遭遇挑战，就可能会寻求新的机会或者对自己的能力产生怀疑，最终决定放弃。这种情况的产生，很可能与他们对于创业的价值观有关，他们过分强调自身的个人价值和利益，而忽略了社会的重要性，这与社会主义核心价值观背道而驰，严重损害了公平正义的发展，他们过分关注短期的经济收益，却忽视了社会的持久繁荣和可持续发展。创业者的价值观是影响其创业行为是否可持续的重要因素。在创业过程中，若大学生未能坚定地坚守社会主义核心价值观,并将其融入创业的实践当中,那么他们的创业梦想将无法得以长久的发展。

由于全球化的加速,越来越多的年轻人开始把自己的利益放到首位,它是当今世界的一种普遍现象,它改变了当代人的思维方式,推动了当代的文明进步,并且促进了国际间的融合。由于卡塔尔多哈大会的召开,我国被认定为全球贸易组织的重要组成部分,这象征着当今世界进入了一个新的发展阶段。这种发展不仅对国家的政治、经济、文化产生了重要的影响,也改变了人类的思考模式、行动习惯。"经济全球化"的出现,不仅带给人们许多正向的变革,也给人们带来了负向的变革,"双刃剑"则更加突出,强调了全球性的发展,使得不同的文明、不同的政治、不同的社会、不同的价值观,都能够得到充分的发挥,从而使得"经济全球化"的出现,给人们带来更多的福祉。这种经济模式不仅有助于提升当地的生产力,还给发达国家带来了更多的机会。伯努瓦认为,资本主义不单纯是卖产品和服务,它还提供了标记、语言、图形、程序和联系,从而改变了人们的生活。

随着时代的发展,许多大学生的创新和创业理念受到了深刻的影响,他们的创新创业目标更加注重实用性和个人主义,仅追求个人利益的创新和创业活动已经远超出了传统的价值观念,因此应该采取更有力的措施来指导和鼓励大学生,让他们进一步理解和实践创新和创业的意义,并且坚定地追求正确的价值取向。

3.4.2 网络信息化导致的不良价值取向

伴随时光的推移,信息技术已经变成了驱动人类社会前进的力量。它的快速发展和普及已经使得人们的生活受益匪浅。它的数字化、互联网和智能已经变成了人们日常工作和学习的一部分,并且对人们的生产和生活造成了巨大的影响。当今的大学生正处于一个充满机遇与挑战的环境,他们既要充分体验信息技术的先进,又要面对现实的经济社会发展环境,从而更好地实现自身的价值。这种环境对他们的思想、行为产生的影响是显著的,在创新创业中也容易滋生"创新创业就是创富,就是为了更好的个人享受"以及在创新创业活动中不讲诚信、不讲信用等不良思想和行为,从而忽视了诚实守信的重要性。

随着科技的飞速进步,网络与智能手机的结合让许多人的日常生活变得更加便捷,但同时,它却引起了许多负面的影响,如社会舆论的偏差、文化的歧视、社会的腐败等。进入交互网络,就是进入了一个全新的社会世界,一个充满多样"未来的时代,支配全球的将不再是军事,乃是信息技术"。然而,当前一些西方反华势力仍然利用网络,或者其他媒体,大肆宣传个人主义、拜金主义和物质主义,力图影响和误导中国青年一代的价值观。传媒内容可以深刻地改变人们的价值观和行为习惯,若大学生无法正确识别西方媒体所提供的信息,他们将极有可能被其中所蕴含的不良价值观所误导。根据最新的研究结果,随着互联网的普及,它已经成为一个潜在的负面影响力来源,当大学生每天花费两个小时的时间在网络上,他们的负面情绪就会有11.7%的提升,对他们的未来产生不利的影响。这一结论可以从一个简单的例子中得出结论:许多大学生沉迷"网红直播",有些人甚至不惜一切代价来追求"网红主播",他们渴望一夜暴富,以及不劳而获。然而,这种消极的价值观念也导致大学生创新创业的偏离,他们把追求物质利益作为唯一的目标,忽略了创新创业的本质。

网络上的消费行为可能会导致不良的心态。随着互联网技术与实体商店的融合,网上购物已经成为一种普遍的消费方式,并且受到了广大大学生的欢迎和喜爱。随着网购的普及,它不仅让大学生拥有更多的便捷,更令一些人沉迷于其中,他们不仅会出现过度消费、网购成瘾的行为,更会被迫陷入网络借贷的漩涡,随着高额的利息以几何级数的速度上涨,使许多大学生无法偿还债务,影响到他们的正常发展。一些不法分子使用暴力和威胁手段,试图追索"欠款",导致一系列可怕的后果,甚至有的大学生因此而失去自己的生命。网络让许多大学生沉迷于消费主义,他们不顾一切地追求快乐,甚至不择手段地超前消费、借钱消费、冲动消费,这种消费行为不仅会影响他们的健康,还会培养他们自恋和自私的人格特质。消费文化的出现使得人们沉溺于物质上的快乐,改变了部分大学生的创新创业价值观念,他们把享乐、金钱、纵欲和奢侈作为自己创新创业的理想，利己主义的出现使得创新创业变得更加物质化，而不是真正的自我发展。

随着科技的飞速发展，微商已经成为一个普遍的商业模式，它们借助于互联网和社交媒体，吸引着众多的消费者；然而，只有4%的消费者可以坚持半年以上；而且，由于它们的吸引力，许多大学生都选择从事微商，微商作为一项新兴的社交媒体，利用社交媒体的优势，利用其独特的社交关系，让更多的消费者获得更好的产品，从而实现自己的财务自由。然而，因为大学生缺乏相关的社交资源，许多大学生无法获得足够的资金，无力实现自己的财务目标，甚至可能会遭遇诈骗。由于缺乏经历挫折的创业经历，大学生们无法充分认识到自己的创业潜力，从而影响到他们的创业热情。另外，微商朋友圈上的虚假信息，如夸张的订单数量、虚假的转账记录、虚假的效果展示，都可以被用于造假，而这种做法给大学生们一种既无法获得任何收益，又无须付出任何代价的误导。由于缺乏诚实守信的观念，以及对于不良行为的忽视，使得大学生无法有效地参与到市场竞争的环境中，影响他们的创新创业能力。

3.4.3 多样文化造成大学生理想信念追求的消极

每个人都有责任追求自己的目标，从而创造出属于自己的历史。因此，当大学生参与社会活动时，应该自觉地设定目标，并以此为指导，不断追求和实现自身的价值，获得更大的成就。创业价值目标是指创业者通过探索、发现、实践、改进、完善和提升自身的价值观念，以达到最大化的创业效益，从而获得更大的社会价值。因此，在创业实践活动中，创业者可以根据其创业价值观的指导，明确其创业之路的核心，并以此为准则，精心挑选出最适合的创业项目及其运作模式。在创业的初期，大学生的热情、渴望、信念等因素都能够激发他们的创造力，让他们拥有更多的勇气、更坚定的决心和更强烈的拼搏精神。

在"创业目标"调查中，72.4%的创业者倾向于"挑战自我"，73.8%的创业者更倾向于"锻炼能力"，61.3%的创业者更倾向于"享受拼搏的过程"，76.1%的创业者对"培养坚韧意志"有着强烈的偏好。根据这些测评结果，大多数大学生创业者的创业心态显示出了极强的多元性，他们不再仅关注经济利益，而是更加看重创新和发展。然而，75.6%的创业者倾向于将"使家庭生活更富足"与"挣很多钱"作为最佳选择。挑战自我、锻炼能力、享受拼搏的乐趣、培养坚韧意志是创业者追求的理想目标，"使家庭生活更富足"和"挣很多钱"则更加具体，更加实用，更加符合实际，更加符合功利主义思想。因此，在大学生创业者的创业价值观中，他们将理想化的目标融入日常行为中，以满足他们的心理需求，但是他们也会将这些目标融入他们的日常工作中，以便更好地完成他们的工作。这种融合和冲突使得他们的创业价值观更加丰富多彩。

文化的多元性体现了人类文明的各种不同特征。自改革开放以来，中国已形成一种由社会主义先进文化为核心的多元文化结构，这种结构受到经济全球化的推动，并且彼此之间存在着深刻的交流与融合。交流和激荡的多元文化对大学生来说是至关重要的，而西方社会的思想观念却可能给他们带来负面的影响。当前，西方敌对势力仍在竭尽全力地挑战中国的独立性和多元文化，资本主义价值观以各种各样的方式呈现，给那些尚未掌握基础知识的大学生带来了负面的影响。

为了实现自己的梦想，大学生应该坚定地追求社会主义的价值观，并且将它融入创新创业活动之中。如果忽略了这些原则，大学生的成就将只能停留在表面，而且可能会受到负面的文化影响。由于我国经济的飞速发展，文化变得越来越繁荣，各种新的理念、潮流和流派涌入，使得中国的文化景象更加丰富、多样。然而，一些消极的、不健康的、与社会价值观背道而驰的行为，如"奢靡、物质、去智、粗鄙、虚无、空心、娱乐、泡沫"，正在给大学生带来极其严重的心理和身体上的伤害，甚至威胁到他们的未来。大学生被精神污染所影响，他们把大学视为人生的终点，放弃了进取的精神，每日沉迷于网络游戏，沉浸于梦乡，畅谈爱情，无法自拔，只关注物质上的享受，他们把获得荣誉、获得金钱作为衡量自身成就的标尺，而忽视艰苦奋斗。甚至把参加学校举办的各种竞赛、实习等当作一种获取荣誉、获取成就的手段，导致一种极端的社会环境，受到负面文化的影响，一些大学生只关注自己的利益，沉溺于物质享受，忽视了思维的深度，抛弃了理性的思考，对理想和信仰的追求变得越来越冷漠，导致理想主义的价值被抹杀，实用主义和功利主义的普遍存在。

3.4.4　价值判断茫然

经过改革开放的不断推动，发展市场已经彻底打破了原有的规划体系，激发出一股强劲的动能，推动着社会的多元文明的繁荣昌盛。这种新型的商业模式不仅极大地拓宽了人民的视野，而且还极大地推动着他们的思维、价值观以及行动，尤其是在当今的大学校园里。伴随着时代的进步，市场给予了大学生更多的机会来实现自身的潜力。它不仅可以促进大学生的创新创业价值观的形成，而且还可以让大学生更多地顺应当今的环境，从而实现自身的价值。引入竞争机制，"干多干少一个样"的低效率得到了彻底改变，它唤醒了人们的自信心、活力和创新精神，使他们更加热衷于竞争。竞争已经植根于当今的文化价值观念之中，"不能让孩子输在起跑线上"这句口头禅更是彰显出当今社会的竞争精神，激发出一股强大的活力，推动着社会的进步与发展，使得竞争不仅仅是一种理所当然的行为，而是一种普遍的文化价值，一种深刻影响着当今社会的精神力量。伴随时代的变迁，大学生的努力和奋斗精神已成为当今社会的重要组成部分。他们不仅要面对残酷的竞争，更要培养起正确的价值观，以及对于公正、公开原则的认知。市场经济的平等性不仅体现在人与人之间的关系上，更体现在政治生活中，它强调了公平正义，让每一个人都可以参与到公共利益的制定和实施中来，从而推动社会的进步。此外，它还激发了大学生的独立思考，让他们更加自信地追求自身的价值，从而摆脱依赖心理的束缚。这不仅改变了大学生的价值观，而且让他们更加清晰地认识自己，努力实现自身价值，并且培养出良好的独立性和自理能力。

在市场经济中，大学生的价值观可能会受到负面的影响。一是大学生的功利主义思维得到了推动。在市场经济中，人们更加关注物质利益，寻求最大的利润。这种做法导致拜金主义、个人利己主义和享乐主义的出现，严重影响了人们的价值观。在这种经济利益最大化的驱动下，"一切向'钱'看""金钱万能"已经成为许多人的指南，用来评估他们的人生价值，并且对大学生的价值观产生了深远的影响。有调查显示，49.1%的"90后"优秀青年大学生渴望拥有物质生活上的富足、舒适安逸的人生，但只有2.6%的人将精神上的需要置于第一位。追求快乐、期望轻松获得成功，寻找工作以获得高薪和稳定的休闲生活，参加课外活动以获得实用的收益，已经成为许多大学生的价值观念和行为准则。物欲主义正以一种前所未有的强大优势，深深影响着当代青年的生活方式。《盲目追"奢"是一种病》一文揭示了这种现象的根源：缺乏恒定的价值观支撑，放弃了个人奋斗和理想抱负，使得许多拥有远大抱负的大学生沦落到了物质的奴役之中。二是大学生的个人主义得到了促进。随着市场经济的不断发展，"为我性"的出现促进了个人主体性的增强，但也带来了一定的弊端，即追求个人利益的行为，以及利己主义的思维，造成了个人与集体之间的不平衡。许多高校都在积极推广"精致利己主义者"，大学生应该具备出色的智力、完美的表现、出色的沟通能力，而"精致"则更多地关注于个人的利益，以达到自身的目的。随着个人利益的不断增加，一些大学生的政治意识变得越来越弱，他们更加看重自身的利益，他们的人际关系也变得更加复杂。

市场经济的双重性质促使大学生形成独特的创新和创业价值观，既可以促进创新创业，也会带来负面的影响。通过推行市场经济，促进个人的合法权益，并鼓励创新和公平竞争。这有助于培养大学生的创造力、竞争力和进取心。然而，由于市场经济追求利益的特点，消费主义、享受主义和私心自利的蔓延，给大学生带来了负面的影响。在大学生创新创业价值观教育中，要注重发扬市场经济对大学生的积极影响，减少负面的影响，并帮助他们树立起健康的创新创业价值观。

3.4.5 创新创业教育和大学生互动学习方面存在问题

人是教育的产物。部分大学生认为，他们的创新创业梦想最初源于学校的教育，但是他们认为当前的教育环境仍然存在着许多不足，这让他们感到非常失望。20世纪90年代以来，中国的创新创业教育已经取得了巨大的成就，但是与国际先进的教育体系相比，仍有待提高。"重知识、轻价值"的实用主义思想已经渗透到了大学生的创新创业价值观中，具体表现为：

首先，通过改进创新型教学方法理性地评估它的价值。深入探究创新与创业教育的核心价值观，是保证其长期健康发展的重要因素。虽然近年来，创新创业教育的经济效益受到越来越多的关注，但它的核心目标仍然是培养具有开拓性、全面发展的人才，以及建立"创业遗传代码"的创新一代，而非仅经济效益。然而，在现实中，创新创业教育被误解为就业的"救命草"、挣钱的孵化器、学生价值的鉴别仪，从而忽略了其真正的价值，导致创富取向和标准在创新创业教育的各个环节中普遍存在，从课程内容、典型案例到成功案例，都在强调财富的重要性，以至于仅仅以获取财富的数量来衡量创业的成败。随着科技的进步和经济的发展，将创新和创业作为教育的核心价值观已不再符合原有的教育宗旨。创新创业教育在当今社会取得了巨大的成就，它不仅是为了解决"何以为生"的问题，而是为了更好地满足人们的需求。这种以经济效益为导向的教育模式，将对大学生的创新能力和创业价值观产生深远的影响，阻碍他们自身潜力的发挥。大学生缺乏足够的财务素养，他们把财务自由作为创新和创业的最佳目标，但他们的认知能力有限，很容易被"创富"理念所影响而陷入困境。大多数人都把创业视为一种成功，但实际上，这种观念并未能真正帮助他们正确理解和实践创业；相反，它却使得他们过度沉迷于获得荣誉和保护，以及参与各种创新创业比赛，从而导致他们忽略了真正的创业精神。

其次，重视创新创业的事实教育，而忽视它的价值教育，这种偏见使得创新创业教育的内容变得模糊不清。因此，应当将创新创业的事实教育与价值教育结合起来，让大学生掌握基本的判断标准，培养出敏锐的"嗅觉"。创新创业的成功取决于我们拥有的知识体系，包括创新技能和方法、基础知识等。"事实"涵盖了这些内容，"价值"涵盖了这些内容。只有在深入探究"创新创业是什么"的基础上，才能让大学生真正理解"创新创业应该是什么"，而这需要全面的创新创业知识的培养和指导。尽管大学生掌握了丰富的创新创业知识，但他们仍然缺乏真正的创新创业意识和技能，因此，仅仅依靠这些知识来培养他们的创新创业价值观，远远不够。当大学生充满信心地开始创业，但他们无法抗拒诱惑，这种从实际经验中获得的挫折感，使得"无用之学"和"不实之教"成为他们最终的目标。

最后，重塑创新型人才培养体系，提升创新创业教育。在中国，创新与创业教育的初期，它的目标非常清晰：培养大学生的创造性思维、创造性精神以及实现创业梦想的能力。随着国务院发布《关于大力推进大众创业万众创新若干政策措施的意见》，创新创业教育被明确提升到一个更加广泛的层次，涵盖了整个学习过程和培训目标。尽管如此，目前仍有一些大学将创新和创业教育的重心放在少数人参与的"精英班""实验班"课程上。通过少数大学生的创新创业实践取得的成功，可以更好地展示出学校的创新创业教育水平，但是这种做法却使得创新创业教育变得更加精英化，从而导致其有效性的下降，甚至带来负面的后果。一方面，创新和创业教育的目的是功利化。另一方面在"面向全体学生开展创新创业教育的要求"中，缺乏教育的公正是一个严重的问题。创新创业教育旨在为具备创业潜力的大学生提供个性化的指导，以满足他们的需求，但这种指导必须以全面的、多层次的方式来实现。由于缺乏正确的认知，以及对创新创业教育的误解，使得这种教育被迫走向功利主义的深渊，忽视了它在促进大学生创新能力的培养以及实现全面发展的重要作用。这种情况，大学生更倾向于通过创新和创业来实现个人财富的增长和生活的改善。然而，大学生作为创新和创业的核心人物，在这个过程中可能会遇到许多挑战，如缺乏积极性和对于培养创新和创业价值观的需求。

根据调查结果，针对"高校创新创业氛围"问题，19.23%的大学生选择"不清楚"，这表明，近1/5的大学生对自己所处的学校的创新创业环境缺乏认知，缺乏整体性概念，从而无法对其进行准确的评价。这部分大学生似乎并不积极地探索和掌握创新和创业的知识。此外，69.57%的大学生对"没参加过社会或学校开展的创新创业活动""国家针对大学生创新创业的政策和措施"有较深入的了解，这一比例在全国范围内居高不下。78.22%的受访者表示，"一般"（48.88%）、"不了解"（29.34%），表明他们对学校举办的创新创业活动缺乏热情,而且他们对国家有关创新创业的政策和措施缺乏重视。根据"希望到何种性质的单位工作"的最新调查结果,39.12%的大学生倾向于前往"公司、企业"寻求工作机会,而13.39%的大学生则更倾向于"自主创业"。"党政机关"认可度为13.91%,"事业单位"的认可度高达41.83%,比"学而优则仕"的52.7%的受访者认可度略低,大学生更偏爱稳定的职业发展,忽略了创新和创业的机会,阻碍了他们对未来的发展和成长。价值的核心在于个人的主体性,这也是价值观的重要组成部分。价值观必须与主体紧密结合,否则它将失去活力,变得毫无意义。尽管国家和学校推行了一系列有利于创新创业的政策,但是大学生缺乏自主性、为我性、能动性(包括创造性)的行为仍将对他们形成创新创业的价值观产生负面影响,阻碍他们实现自身潜力的发挥。任何外在的影响力,如理性教育和形象,都不可避免地会影响到个体的内心,因此要想让这些影响力发挥出最大的作用,就必须从内心深处进行,没有这种心理过程,任何教育都将毫无意义。

3.5 思想基石——大学生创新创业价值观的教育实现

3.5.1 构建以创新创业为主要风尚的外部社会环境

任何价值观的形成和发展都与社会环境及其相关的历史背景息息相关,这是不可避免的。社会氛围是培养大学生创新型价值观的关键性土壤,一个以创新创业作为时尚的话语氛围,能为其成员进行价值观念导向,还能够为家庭、学校教育进行开发定位。习近平总书记强调"营造有利于创新创业良好发展氛围",为整个社会创新型企业创造指引了道路,并作为基础性遵照。

一方面,重塑有助于推动创新和发展的政策和机制。为了促进"软环境"的发展,政府部门应该积极推动创新创业,并努力构建一个更加公平、公正、充满活力的政策环境和制度环境,以支持大学生的创业梦想。通过完善的体制机制,可以有效地解决创新和创业的瓶颈,并且为中小企业和大学生的发展提供政策支持和良好的环境，让他们能够轻松地获得资源，同时也可以帮助他们减轻压力，以激发更多的创造活力。另一方面，为大学生的创新创业建立一种良好的文化氛围。随着科技的进步，社会对于创新和创业的文化正在不断推动，尤其是媒体和网络平台的宣传，为这一过程提供了强有力的指导。近年来，一些真实的创业类节目，如《创业英雄汇》《赢在中国》《我是独角兽》等，都为这一过程提供了有力的支持，促进了创新和创业的发展。大力弘扬对劳动、智慧、人才和创造的尊重，鼓励勇于挑战、勇于冒险、宽恕失败的精神，推进一种全新的文化氛围，使得"每个人都可以成为创业的主导者，并且拥有自己的创业环境"的创业理念被广泛接受，它为大学生提供了一个全新的视角，让大学生更加了解创新创业的真正含义，从而更加重视大学生参与其中的创新创业活动，并且在必要的时候提供支持与指导。

3.5.1.1 搭建实践方式进行外化

以人民为中心的发展思想，是政府实现经济社会可持续发展的重要基础，也是解决就业难题的关键所在。随着科技的飞速发展，当今社会的就业模式已经发生了巨大的改变，以大数据、互联网、AI、5G等前沿技术为基础的新型工作方式已经成为当今社会的主流。伴随经济的持续增长，大学生的就业压力越来越大，尽管未来中小城市仍有望在一定程度上提高就业率，仍有待进一步改善。然而，为了提升劳动者的素养，必须采取更加严格的措施，如大学、职场、技能培训等。为了应对当前的就业困境，国家应该采取有效的措施，包括优化劳动力资源的配置，制定有利于大学生创业的政策和平台，以及"以创代就"等项目。当前，许多创新型比赛和培训平台都在提供给大学生关于创业的指导和帮助。为了鼓励和激励更多的高校学子参与到创业活动中，国家和地方政府联合举办了"挑战杯""互联网+"、中国科学院青年创业大赛、创新创业大赛等一系列比赛，旨在激励大学生参与到创业中来，推动高校学子的创新发展。努力推动大学生和投资人、企业家之间的合作，以帮助他们更好地认识到自己的创业潜力，培养正确的创业理念，并且通过参加各种比赛来培养自己的创业技巧，同时也会给予他们必要的支持和帮助，以便实现自己的梦想。各级政府、大学及企业都有必要强化并改进创业文化建设，培养一种尊重工作、热爱团队、宽恕失败者的社会和学校氛围，促进全民共同进步。

3.5.1.2 完善实践衔接体系

随着全球化的发展，大学生的创业理念和价值观也发生了改变，这种变化可能是由于许多外部因素的共同作用。例如，在边远省份和三、四线城市的家庭需要积极支持大学生进行创新创业。高校应当积极推进创业导师队伍的培养，地方政府也应该清晰界定自身的职能，以支持和帮助大学生的创新发展，企业也应当增强责任感，为他们提供更多的就业机会。通过家庭、高校、企业和社会的协作，帮助大学生克服困难，提升自信心，培养企业家精神，并为他们建立正确的创业理念。当前，由于教育资源的短缺，高校的创业课程和实践活动严重匮乏。为了弥补这一空白，政府、企业以及学校应该积极探索新的方法，并建立多层次的、丰富的创业实践平台，以促进大学生的发展。为了满足大学生的需求，应该制定针对性强、精准有效的政策支持体系，加强专业的创业导师团队的指导，努力促进企业为大学生提供支持，帮助他们实现创新和创业的目标。为了促进创新，政府建立了一系列平台，如产业孵化器和众创空间，以便为大学生创业提供更多的支持和服务。大学生应该树立正确的创业理念，培养勇于挑战自我、坚持不懈、勇于开拓进取的企业家精神，以实现自身的抱负和梦想。

3.5.1.3 搭建基地平台

实践是所有社会生活的基础，因此高校应该根据自身的专业特色，积极构建多样化的实践平台，并且精心策划和组织一系列旨在培养大学生创新思维、发挥创新潜力的实践活动，以促进他们的创新能力和创新意识的发展。为了更好地满足人才培养的需求，高校应该加强对教学改革的实施，完善和优化人才培养计划，并采取创新的人才培养模式。通过增强实践教学的比重，使大学生进行实验、实训、实地考察、毕业实习等活动，从而更好地掌握和运用所学的理论知识，增强专业技能，激发创新精神，提升综合素质，并且形成正确的价值观。为了激发大学生的潜能，将组织各种具有独特风格的学生社团、社会调研、创业比赛等实践性活动，让他们在课堂之外，在校园之内，深入基层，融入社会，认识和体验国家的文化、历史、现状，并培养他们的社会责任感、理想主义思维以及诚实守信、进取创新的精神。在高新技术产业开发区等地建设大学生科技创业实践平台和科研成果转化中心，以促进大学生的就业和创造力。经过校企合作平台，能够与企业进行深度合作，为大学生提供一个充满挑战的机会，让他们在实践中掌握创业技能，并在实际操作中体会成功的喜悦，同时也能够培养他们的创新精神，激发他们的冒险精神、创造力以及勤劳努力的精神。

3.5.2　打造坚定不移创新创业理想信念的校园文化氛围

校园文化是一种深刻影响并持续改变的社会氛围，它反映了一所学校的历史、传统、教育方式以及与众不同的思想、信仰。它不仅能够提高教育水平，还能够指导教师的工作方式，促进教育的进步。大学应该坚持遵循社会主义核心价值观，并努力推广多种多样的文化，促进人们核心素养的提高。这样，我们才能够培养出具有探索、质疑、创造性的科学思维，并使这些思维与我们的文明素养共同成长。高校应该将创新和创业的思想贯穿于整个校园文化之中，并且要坚持遵循社会主义核心价值观。通过举办各种各样的文娱活动来培养这种思想，并且要让这种思想得到充分的发展。同时，要注意培养和激发大学生的专业技能和内在潜力，帮助他们树立正确的创业价值观、追求实现自己的梦想。

3.5.2.1　成立协同教学机制

打造良好文化氛围创业价值培育并非一个独立的行动，而是人与外界各种环境相互作用之下一个内心自主性建构之过，受到社会环境的限制。对此，必须引入社交资源共同育人，加强创新创业教育工作环境建设，给大学生创业价值培育营造浓郁的文化性氛围，促进他们参与创新创业实践活动时的评估方式呈现多元化。

①改进硬件基础设施和完善管理体系。为了促进创新和创业，高校应该与政府和社会各界携手，打造一个产学研合作的体系，并加强对现有的创新和创业教育的管理。此外，还需要完善政策保障措施。一方面，政府应当积极推动创业教育的实施，加强宣传，让更多人拥抱创新，让创业的精神在全民中流行，让创业教育成为每个公民的义务和责任。另一方面，为了更好地促进社会的发展，应该积极推动校企合作，构建一个紧密联系的实践教学平台，将高校和社会的资源有效整合，以满足大学生的创业需求，并且给予他们充分的支持。通过整合各种社会资源，形成一支高效、专业的服务管理团队，可以控制和协调大学生创业活动的各项流程，为他们提供更加完善的支持和帮助。

②加强软硬件设施打造出浓厚校园创业氛围。大学作为企业教育主要实施者，为打造浓郁的校园创业气息，应当依照大学生个人性格发展兴趣爱好，打造出属于学校特点创业文化气息。例如，为了更好地推广创业，学校应该利用多种渠道，如校园网站、校内广播站和公告栏，向大学生展示成功的创业经历，并且建立一个有效的沟通和交流的平台，帮助他们更好地创业。同时，参加多种创新创业比赛和项目开发活动，不仅可以培养他们的兴趣，还能够让他们具备多种人文素质，更好地进行创新和创业。此外，为了提升大学生的创新能力，学校应该邀请优秀的企业家和成功的创业者来指导他们的创业，帮助他们培养创新意识，提高他们的自信心和责任感。"高等教育综合改革突破口"的出现标志着大学的创新和创业教育正在发挥着重要作用。在当今这个充满活力的时代，培养大学生的创新和创业价值观对于提升高校的创新和创业能力至关重要。高校应当积极推行先进的创新创业教育理念，使大学生得到全面发展，培养他们的主体性、能动性和开拓性，实现人的全面发展。通过创新创业教育推动"工具导向"到"价值导向"和"边缘地位"到"战略地位"的发展。

3.5.2.2 创新创业教育体系从"工具导向"改为"价值导向"

在知识经济时代，培养学生的创新精神和创造能力是素质教育的重中之重，也是推动素质教育发展的重大举措。因此，应该加强对学生的创新能力的培养，以促进学生的全面发展，实现社会的可持续发展。随着社会和经济的发展，人才的需求发生了巨大的变化，因此必须以科教兴国的战略为指导，充分认识到创业教育的重要性。为此，高等院校既要努力提升人才培养的水平，使其具备更好的社会适应能力，又要注重培养学生的创新思维、创新精神以及创业技能。在中国，创新与创业教育始终坚持以培养学生的创造性思维、实践技能以及实现自身价值为核心，以此来推动社会发展。然而，在教育过程中，这种目标定位并未得到广泛认可，反而出现了一些以实用为目的的行为，从而影响了学生的学习体验。比如，一些高等院校致力提供"老板"的创新创业课程，并鼓励学生在毕业后自主创办企业，从而减轻就业压力。为了迎接这个充满机遇的创业时代，教师必须重新审视自身的教育理念，创业教育应该致力培养未来的领袖，并将这种理念融入大学生的成长中，培养出具有革新精神的未来创业者。

尽管创业有"创富"的目的，但也应该明白，这种行为本质上是为了培养学生独立思考，以及实践能力和创造力，而非仅为了让他们成为老板或"创富"。根据调查，近一半的学生希望通过创新创业来获得财务收益，因此建议将"育人"作为创新创业教育的基础，而不是"谋财"，这样可以纠正学生不正确的价值观。虽然创新创业教育可以帮助减轻就业压力、促进创新、激发经济活力，但它仍应该以培养学生的全面素质为核心，不仅是传授知识，还应该重视培养学生的个性特质，以及培养学生的社会责任感。这种前所未有的教育思想具有革命性的意义，它强调了大学生的创新能力，并且提出了一种全新的人才培养模式和内容，以满足社会对于创业者的需求。从单纯的专业性就业培训转变为更加注重学习和实践的知识型创业教育，重点强调培养学生的社会责任意识、创新思维和实践能力。

3.5.2.3 创新创业教育体系从"边缘地位"改为"战略地位"

"边缘化"在创新创业教育中的地位相对于学科专业教育的"主体化"，在两个方面体现：一是体现在受众人群上。一些学校仅为少数学生提供"精英化"的创新创业课程，而忽略了"面向全体"的重要性，这与教育部的规定相悖。二是体现在教育体系上。如果不把创新和创业教育纳入人才培养和课程设置,并贯穿于高等教育的全过程,那么就无法建立一个完善的、有效的创新和创业教育体系。过去的学校教育体系在理念、制度、内容和方法上都存在一定的局限,也未能将培养学生的创新精神、创新思维、独立性、良好的个性特征等作为重中之重,而这正是当今社会普遍认可的。为了实现创新驱动发展的战略目标,国家正在大力推进高等教育综合改革,以培养大量具有创新能力和创业精神的人才,而创新创业教育则成为实现这一目标的重要组成部分,以帮助毕业生更好地实现自身价值,实现更高质量的就业。高校应当全面认识到创新创业教育的重大意义,将其纳入学校发展战略,加强实施,不断推进改革,以促进我国经济社会的可持续发展。以激发学生的创造性思维、发展创新技术、增强社会责任意识为目标,摒弃以往只有少数机构负责的模式,将创新创业教育作为人才培养的重要组成部分,以帮助学生取得更大的成就,实现自身价值,成为"战略地位"中的一员,以期达到更好的效果。

3.5.3 涵养创新创业与成功精神相结合的家庭感知

家庭对于孩子来说无疑是第一所学校,而且它的价值观也将对孩子的未来产生深远的影响,特别是对于大学生来说,他们的创新和创业意识也将得到极大的培养和提升。家长们拥有丰富的商业和企业实践经验,他们给予大学生一个创业的宝贵榜样,让他们在充满激情和活力的环境中,不断地汲取知识和技能,从而培养出自己的创新精神和创业理念,激发出自己的创新热情,推动大学生走上创新创业的道路。对于那些没有经商经验的家庭来说,他们的观念往往比较传统,特别是受"学而优则仕"等传统观念的深刻影响,希望孩子能够找到一份体面、稳定的工作,以此来满足自己的需求,但这种求稳的思维方式却可能会严重阻碍大学生的创新创业价值观的形成。因此,为了推动创新创业的发展,这些家庭应该努力转变思维,营造有助于创新创业的良好氛围。作为父母,应该不断更新自己的思维,加深对创新创业的认知,摒弃"不稳定、不体面、不务正业"的错误看法,深刻领会创新创业的重要性,以期为大学生的发展做出贡献。应该采取包容的心态来看待大学生的创新和创业,而不是一旦发现他们想要做某件事情，便立即阻止他们。研究表明，大学生具有极强的创新能力，他们乐于探索未知的领域，并且拥有超过一半的创新创业意向。然而，这种意向仅仅存在于主观层面，并未得到实际的体现，主要原因是"风险大"。"风险大"的出现是由于受到社会环境的限制，经济上缺乏独立性，思想尚未完全成熟，以及抵御风险的能力较弱所导致，父母的支持和理解是促使大学生们进行创新创业的重要因素。

因此，父母应该多加关注他们的想法，并与他们一起分析利弊，共同寻求资源，共同承担风险。当孩子们遭遇失败时，父母应该给予他们充分的理解，并营造一个宽容、鼓励他们勇往直前的家庭氛围，以帮助他们在亲情的支持下走出困境，并在创新创业的实践中培养他们勇于担当、勇于冒险的价值观，从而激发他们的主动性。如"家庭收入高于 20 万元"的学生更加热衷于创新创业，然而，在创新和创业的目标方面，"利益实惠"和"个体利益"都更加重要，并且更加明确。在家庭教育中，家长们应该以自身行为为榜样，提醒大学生承担起社会责任，在创新创业的过程中，既要考虑个人发展，又要满足国家和社会的需求，不断探索新的可能性，从而实现"具有开创性的个人"的理想。最终成为一个有责任心、有能力为国家和社会做出贡献的人。

3.5.4　激发大学生新时代理想信念的主体自觉

价值的核心特征就是个人的主体性，它决定了个人的价值观。任何理论教育和形象感染都只有通过主体的心理过程才有效，没有主体的心理过程，任何教育都将毫无意义。在大学生创新创业的过程中，他们的知识、信念和行动是紧密相连的，从表面到内心，一次又一次地推动着他们形成自己的创新创业价值观，这一过程完全反映出他们的主体性。因此，应该重视培养大学生的创新创业价值观，让他们更加自信，积极地参与到创新创业中来。

3.5.4.1　自主学习创新创业知识

只有通过自身的努力和反省，才能够获得真正的教育，只要人们能够发挥其内心的潜力，并且以其主动性和积极性去参与到学习之中，那么他们才能够获得最大的收获。创新发展的价值观并非来源于偶然，而是需要依靠丰富的创新创业才能形成。虽然知识并非直接被视为美德，但知识却可以作为美德的根本。为了培养出具有创新思维和创业精神的大学生，应该从自身的学习和实践中获取有益的信息。伴随科技的发展，互联网已变成年轻人实现创新创业的主要途径。通过互联网，大学生可以轻松地访问各种有价值的教育和培训平台，以及各种有趣的实践项目。因此，他们应该充分利用互联网的优势，以及"感官、知觉、记忆、想象、思考和文字"等有效的教育资料，来唤醒他们的学习热情，从而培养他们的实践技巧，以期掌握有效的创新发展技术。为了推动新一轮创新创业教育的发展，需要将德、智、体、美、劳有机地结合，并且将它们密切地联系起来，即将它们的特点和重点放到一起，以便更好地推动创新创业教育的发展。比如，"中云智车""罗化新材料"均为第四届中国"互联网+"大学生创新创业大赛的优胜者，它们的成功源自大学生对专业领域的深入理解和积极探索。此外，一些先进的高科技项目，更是通过实验室的孵化和风险投资者的支持，最终走向了成功。如果缺乏专业的支持，即使这些创新已经实现了商业化，但是由于它们的技术和科技含量较低，也很容易受到模仿，最终导致被淘汰。因此，加强专业技能的学习，特别是掌握有利于创新和发展的技能，对于大学生的创业能力和成败来说，具有极为重要的意义。

创业需要拥有丰富的经验，并且需要掌握一定的技能来运营和管理。在决定成为一名创业者时，应该掌握以下内容：如何找到合适的商机、如何进行有效的市场分析、如何制定有效的商业策略、如何有效地募集资源、如何有效地进行财务规划、如何有效地进行企业的发展，以及如何有效地进行企业的经营。创业者必须拥有丰富的专业知识，才能够成功的筹建和运营公司。在当今社会，人文、社会科学等多元化的知识正在变得越来越重要，致力培养创业型大学的"先驱者"，旨在将文科和实用学科结合起来，让大学生不仅仅是技术员，而是能够成为行业的领导者，并且能够创造出重大的创新，显而易见，虽然拥有专业知识可以为创新创业提供基础,但是,仅仅拥有这些知识还远远不够,因为创业是一个充满挑战的过程,需要大学生拥有全面的综合知识,以及科学精神和人文精神的结合,这样才能真正实现创新创业的价值。通过深入学习综合知识,可以为大学生提供更加完善的知识体系,从而有助于他们的个性发展和创新思维的培养。

3.5.4.2 融入创新创业核心理念

通过深入研究发现,大学生的创新创业价值观源于他们内心深处的自觉形成。只有将知识转化为价值观,即将创新创业的理念融入实践中,才能真正发挥出它的作用。大学生在自主学习创新创业知识之后,需要通过价值整合来理解和内化这些知识,并将其转化为创新创业的价值观。为了做到这一点,需要对所接收的创新创业价值信息进行整合,并积极分析、理解和判断,以便更好地认识和实践创新创业。高校教师应该重视对创新创业的体验。这种体验可以帮助大学生进一步理解创新创业的价值,并且能够激发大学生的创新创业能力。体验是大学生主体对创新创业的情绪感受和实践反思,是一种认知和心理过程,因个体的不同而具有个体独特的、直观的个性特征。大学生应该将这种情感和反思融入自身的思维模式中,以便培养创新创业价值观。通过体验,大学生可以有选择地认可创新创业的结果,这种认可比体验更为深刻,它不仅是一种"学生对教师教学内容的重构",而且还能够让他们理解和接受创新创业的价值。

此外,应将创新创业的价值观融入思维中。通过深入研究创新创业的相关信息,大学生们不仅能够从不同角度去感受到这一领域的价值,而且还能够从不同的角度去思考,从而更好地理解这一领域的价值,把握它的实质,实现自身的发展目标以及价值追求。在创新创业"应该是"的价值目标指导下,大学生们不仅能够更好地把握创新创业的各种方面,而且还能够从中汲取精华,把握其中的核心价值和精髓,从而推动其发展。在这一进程中,大学生可以充分展示自身的独立思考能力,从中汲取经验教训,建立一套全面的、具有前瞻意义的、具有可持续性的、具有可操作性的创新创业价值观。

3.5.4.3 投身于创新创业正面情感

人类作为一种具有主观性和感性的存在，具有被动的特征；但也正是由于这种被动的特征，使得人们拥有了一种强大的激情和热情，去不断地探索和追求自身的目标。创新创业的情感体验是一种深刻的认知，它不仅能够激发大学生对事业的兴趣、爱好和憎恶，而且还能够为他们塑造出一种独特的价值观，推动他们走向成功，实现自身的梦想。当大学生参与创新创业活动时，如果能够获得正面的情绪、情感，如快乐、满足、喜悦、自豪，这将有助于他们更好地应对挑战，并且更加坚定地追求自己的梦想，推动并加强自身的创新创业信心。反之，当人们遭受负面情绪的冲击时，他们可能会失去对于创新和创业的信心，这可能会阻碍他们建立起正确的创新创业理念。因此，为了培养出具有创新精神和创业热情的人才，应该让他们充分体验创新创业的乐趣。即使他们遇到过一些挫折，或者曾经遭受过失败，他们仍然应该从中汲取教训，克服对失败的恐惧，并将它转变为持之以恒的动力，以此来激发他们的创新精神和正面能量。

3.5.4.4 实际操作体现创新创业价值观

生成价值观需要个人将其融入日常的思维中，并将其转变为个人的行动，以便更好地实现其目标。只有这样，价值观才能够真正起到应有的作用。实践是大学生创新创业的核心价值观，它将主观与客观的世界联系起来，构建出"转换器"的理论框架。刘献君教授重点提倡人们通过参与社会活动来获得更多的知识，并且相信这种活动可以带来新的可能，从而促进人类的进步。他指出，参与者的感知活动不仅可以否定人与外部世界及其关系的既定状态，而且还可以激活人与外部世界及其关系的新可能。创新创业相关政策的出台，标志着人类在与世界的交流中取得了重大的进步，这种进步源于对生生不息的持续探索。它既为个体提供了一种获取认知的方式，又为整个社会提供了一种共存共荣的基础。通过参与各种社交活动，大学生可以更好地了解自己、他人以及与他人之间的联系，并为了建立一个良好的人格，增强社会责任感，来更好地理解当前的情况。实践活动涵盖了多个领域，从社会实践，如实践教育基地、创新示范基地、校友公司，到参与"挑战杯""创青春""互联网+"等竞赛，从校园仿真训练，到高校科技园、大学生创业苗圃，都可以进行创业实践，培养学生的创造性思维和实践能力。

比如，在参加创新创业类竞赛中，参与者可以获益匪浅地培养出自身的创新思考、商务洞察、创新实践的能力，同时也可以学习和磨炼出良好的团队协同、项目管理的技巧，从而推动创新创业价值观从"观念"向"行到"的发展。红色筑梦之旅项目是一个旨在推动当地经济和社会发展的"互联网+"大学生创新创业活动，帮助大学生实现他们的梦想，并为社会做出贡献。促进精确的扶贫和减少贫困，同时也给予参与者一个传承延安精神、培育创造精神、深入理解当地文化和现实的绝佳平台。通过使用先进的技术，为大学生提供一个真实的创业模型。如计算机辅助工具，可以进行多种场景的模拟，让大学生更好地理解创新创业的概念，并尝试去应对各种挑战。这种模型不仅有助于大学生深入理解自身的想法，也有助于纠正大学生的不足。经由实践，把愿望从抽象的概念转变为具体的现实，从理想的想象变为现实的生活，从虚拟的期望变为真切的现实。这一切都得益于大学生的行动，让大学生的愿望得以真切地体现出来。

3.5.4.5　反思自己的创新创业能力

人类认知活动与实践活动都少不了评估活动。评估活动能够体现出物质性质符合主体需求的状况，具有显著的主体性特征。对开展创新型企业进行自我评价会对其创新型企业发展价值观产生影响。一方面，应当树立合适的价值评估导向。在宏观层面上，创业能够为一个民族或者地区继续前行提供动力，已经是经济学、管理、教育等学者们屡次论证的真理。在微观层面，创新型创业涵盖知识面广，个体胜任力素质需求较高，对个体的思想品德与行为技巧具有很好的锻炼作用，可以推动大学生全面发展。所以，创新型企业创业价值观念的正确评估才是进行积极自我评估的依据。另一方面，应该积极地展开创新型企业价值观评估，主动地评估自己创新创业行为的对与错。大学生清楚创新创业评估的标准、规范、尺度后，创新创业认知通过实践转变之后，能否提升到创新型企业价值观，只有高校大学生自己最为清楚。所以，高校大学生应积极开展创新创业价值评估，思考自身创新创业行为表现能否符合创新创业价值观念需求，哪些需要留存、夯实，对其进行适当评估，从而引导下一步创新创业行为。

3.5.4.6 培养创新创业自觉

大学生将创新创业价值观转化为实际行动并不能说明他们已经成功地实现了这一目标，还需要通过多次实践来巩固这一理念，最终形成良好的创新创业习惯和自觉性。只有当大学生把创新创业价值观融入日常行动中，才算是真正达到了这一目标，而且这种融入需要多次加以巩固，以便让他们养成良好的创新创业习惯。因此，"创业自觉"就是个体在深刻反思、认同、选择、创造，以及主动参与、发挥作用，从而获得"自主权"。通过深入的学习、深刻的理解、真诚的参与、丰富的实践和及时的反馈，大学生不仅能够塑造出创新创业的价值观，而且还能够拥有良好的创新创业意识，从而推动其发展壮大。同时，经过深入的自我认知、积极参与、勇于探索、不断创新，激发出大学生的创新创业潜能，改变"看客"的思维模式，实现理论与实践的完美结合。

3.5.5 重点关注创业价值观教育观念的转变

第一，企业家教育属于自大学生企业家现象兴起以来新兴起的一种教育类型，其出现年代已经滞后于创业风潮兴起年代。从教学内容和教学形态来看，企业家教育存在着教学内容死板、过于关注理论传授与实际操作能力培养，忽略了价值的引导与教育。随着全球企业家的数量急剧增长，政府和社会各界都积极支持和鼓励创新型发展，因此大学生和其他创业者的价值观培养和实践也变得越来越重要。所以，为适应目前的高校创业活动状况及高校企业家的企业家价值观出现的偏移和其他问题，身为创业教育的执行者，高校应当做到几点理念转型。价值观教育是推动创业发展和实现梦想的基础，它不仅能够指导创业者如何认识自身、把握机遇、挑战，还能够激励他们勇于接受挑战，积极参与社会活动，实现自身的发展和成功。因此，创业价值观的培养是创业教育的重中之重，它不仅要贯穿整个课程,而且要成为指导大学生创业的根本准则,从而激励他们拥抱挑战,勇敢地走向成功。

第二,完善的创业教育内容。创业教育的内容体系是推动创业发展的重要工具,它不仅要求大学生掌握实际的技能,还要求他们在创业的整个过程中都能够获得知识和技能,并且要求他们在创业的过程中始终保持积极的态度,以促进他们的全面发展。

第三,创业教育应该重点关注诚信和法律规范。大学生在进行创业活动时,必须遵守社会的道德准则和市场规范,以确保创业活动能够顺利进行。大学生应当始终保持诚实守信的态度,并且要尊重和遵守相关的法律法规,以便进行合法的创业。因此,应该更多地关注培养大学生诚实守信的品质,帮助他们树立良好的个人声誉和公司声誉。

第四,创业教育应该以将培养一个完善个性和道德品质作为创业教育的核心。创业教育旨在帮助大学生建立良好的创业理念和价值观,以便他们能够在未来取得成功。无论他们是否取得了成功,这些都将作为他们未来发展的基础。因此,高校的创业教育致力培养出一批拥有良好品质、崇高信念、有责任心的优秀青年。

3.5.6 完善一个基于国家政策的价值指导机制

国家的政策对于大学生的创业价值观产生了重要的影响。作为政策的制定者,政府拥有公共资源,并负责监督和执行这些政策。发挥其在大学生创业政策执行过程中采用行政命令式的执行方式,帮助大学生培养创新、冒险和奋斗的精神。

3.5.6.1 提升导向性转变大学生价值观念

首先,通过指导和帮助,让大学生了解创业政策,积极寻求资源,并坚定自己的创业梦想。随着中央政府的支持和鼓励,要努力推动创新驱动的发展战略,并致力实施创新型人才培养计划。目前,市场经济的发展前景好,大学生在这一领域将会取得巨大的成就。大学生应当积极收集并使用有关创业的政策,了解它们的最新变化,并充分利用这些政策,以期达到目标，即为建设一个更加繁荣昌盛的社会主义现代化国家而努力奋斗。在当前的创业环境中，由于缺乏充分的支持和完善的教育，大学生有机会充分利用各种合法的创新和创业机会，以培养自己的技能和素养。同时，积极跟踪政府的创业政策，并参加各类创新创业活动，与专家学者保持密切联系，以便得到他们的指导。

其次，采用多种创新的传播渠道和方式，有效地推广政策，以提升政策宣传的有效性和影响力。为了更好地推动创新创业，需要不断调整宣传方式和渠道，以适应时代的发展，可以使用"新潮"这样的媒介和手段，来吸引并影响大学生，使他们能够更好地理解"亲民"的内容，并与之融为一体。经过多种渠道，如微信推文、官方微博、B站视频等，将最新的创新创业政策内容以图片、实例、互动等多种形式，深入浅出地传播，帮助大学生理解和掌握相关知识，培养良好的创业价值观。还可以完善创新创业官方网站的内容，结合政府部门、高校、企业的指导，不断推出最新的宣传资料，并且定期对其进行更新，以便于全面地向大学生介绍有关创业的政策，实现一站式、全面的服务。

最后，加强多方协作确保政策宣传的全面性和有效性。政府、高校和大学生共同参与制定和实施有关大学生创业的政策，这些政策既关注政治、经济、文化和社会生活，也关注如何促进这些领域的发展。想要促进信息的流通与分布，应该加强宣传工作，让大学生创业政策得到更好的实施。还应该建立一个多方面的政策协作机制，扩大信息交流的范围，加强相关主体之间的沟通与反馈，以提升政策的执行效率。为了更好地实施大学生创业政策，需要明确各个执行主体的职责和优势，通过有效的沟通和协作来促进资源的流通。这样，才能帮助大学生创业者实现政策的目标。

3.5.6.2 加强人文性符合大学生的精神需求

由于大学生创业政策的实施环境没有一个健全的执行与监管体系，使得大学生无法充分发挥自身的潜力，从而阻碍了他们创新创业的积极性与发展。因此，建立一个具备公开、透明、均衡的市场环境，以及良好的创业文化，对促进大学生的创业至关重要。通过制定全面的、有效的创业政策，打破高度的竞争压力，营造良好的投资环境，激励和鼓励大学生参与到创新创业中，这将是促进高校毕业生就业的关键所在。创业是一项极具挑战性的任务，需要具备良好的技术、经验、管理、沟通、协调、协作，以及深入的研究、分析、评估、策划、规划、执行等多方面的技巧，才能有效地完成创业，并为社会的进步做出贡献。

首先，构建一个富有活力、宽容且具有创造性的环境，以唤醒大学生的创业精神，实现他们的梦想。可以向大学生展示成功的创业案例，给那些失败的大学生提供宽容的支持和鼓励。许多来自偏远乡村的大学生，被传统的家庭教育所限制，他们的父母只关注"铁饭碗"，这种思维模式阻碍了他们的职业发展，从而使他们缺乏创新的激情和创业的勇气，影响了他们的未来发展。政府和相关部门应当积极鼓励并表扬优秀的创业者，并加强对他们的宣传，以便为社会提供一个良性的舆论氛围。采取有力措施，加强政府的宣传和落实，使大学生深刻认识到国家对创新创业的支持，激发更多的创新热情，助力创业梦想的萌芽。大学生通过参与政府推出的创新型项目，充分发挥自身潜能，获得更多的成就感和竞争优势，实现全方位的发展。创业政策旨在借助完善的环境、培养更多的创业者以及提供更多的风险保护，来促进大学生的创新创业活动，并获得社会的广泛认可，为大学生提供全面的支持，以帮助他们实现自己的梦想。为了促进创新创业的发展，大学生应该充分利用政策环境，努力培养自己的实践技能、创新思维、组织管理能力，同时也要积极参与社会活动，加强沟通技巧、社会交往技巧以及组织建设技能的培养。大学生还应该积极参与各种创新和创业培训，利用有利的政策环境来提升自己的能力。

其次，政府应该积极采取措施，以便更好地满足大学生的个性化需求，并建立良好的学校、企业与大学生之间的关系。同时，政府还应该积极收集学生的反馈，以便制定出更加符合实际情况的政策，以缓解各方利益冲突，更好地适应市场需求，并为培养创新型人才和促进经济发展提供支持。大学生应该积极参与到创业政策的制定和实施中，并且及时地提出宝贵的建议和反馈，以促进政策的完善。作为创业政策的受益者和参与者，大学生应该负起自己的责任，努力使政策更加完善，以促进创业的发展。作为一项在我国发展较晚的创业政策，大学生应该积极参与其中，从规划、制定、执行到反馈，全程关注并给予充分的支持，以期让这一政策能够真正满足大学生的需求，并为他们提供最优质的服务。只有完善的创业政策和法律法规，才能激励大学生勇于尝试、勇于探索，从而使得创业政策得到充分的落实，发挥出它应有的作用，并且培养出正确的创业价值观。

最后，为了更好地推动高校的创新创业价值观培养，需要完善一套创新创业价值观教育政策评估激励机制，确保高校的创新创业价值观得到有效的传播。还应该积极开拓教育资源，评价高校的创新创业教学，为高校的创新创业教学提出有力的支持。建立一个完善的创业价值观教育监管机构，以确保创业教育的目标、内容和实施步骤得到有效的评估和适当的调整。同时，经过深入的社会调研和采访，对创业价值观培育的实际效果进行评估，具体分析创业价值观培育政策执行中遇到的问题，及时发现和解决存在的问题，以便更好地指导和帮助大学生建立和践行他们的思维和能力，从而采取多种方式，保障大学生树立正确的创业价值观。

4 大学生创新创业能力培养的基本路径

在以习近平同志为核心的党中央领导下,全国高校坚持以人民为中心的发展思想,着力解决人民群众最关心最直接最现实的利益问题,在就业、教育、医疗、养老等领域加大民生保障力度,努力让人民群众的获得感成色更足、幸福感更加持续、安全感更有保障。其中,创新创业是解决民生问题的重要途径之一,是推进经济高质量发展的重要推动力,高校应把习近平新时代中国特色社会主义思想作为指导思想,将创新创业教育融入人才培养全过程,推动大学生在创新创业中实现自我价值。党的十九大报告提出:要坚持社会主义办学方向,把立德树人作为教育的根本任务,发挥教育在培育和践行社会主义核心价值观中的重要作用,培养德智体美全面发展的社会主义建设者和接班人。在大学生创新创业能力培养过程中,坚持理想信念教育是其核心内容,它不仅是培养大学生创新创业能力的思想基础,更是大学生实现人生价值的重要途径。因此,高校应以理想信念为核心,将理想信念教育贯穿于大学生创新创业能力培养全过程,引导大学生树立正确的人生观、世界观、价值观和就业观,以促进大学生全面发展。本章通过分析理想信念与大学生创新创业能力之间的关系,从多元结合推进大学生创新创业扶持力度升级、构建专业背景的创新创业提升路径、优化创新创业的能力考评机制、开展科研立项激发大学生创新创业潜能等方面提出了创新创业能力培养的基本路径,旨在为高校人才培养提供有益参考。

4.1 多元结合推进大学生创新创业扶持力度升级

高校是培养大学生创新创业人才的主阵地,要把大学生培养成德智体美劳全面发展的社会主义建设者和接班人，高校就必须实现培养人才的育人功能。近几年，党和国家出台了一系列支持大学生创新创业的政策，充分体现了对大学生创新创业的重视。在国家政策大力支持下，各高校积极响应国家号召，创新工作思路、完善工作举措、加大工作力度，多元结合推进大学生创新创业扶持力度升级，为进一步推进大学生创新创业教育提供参考。

4.1.1 重点扶持结合全面提升助力教育改革

4.1.1.1 推进创业孵化平台建设，优化创业环境

加强大学生创新创业教育，建立和完善高校创业孵化平台是推进大学生创新创业的重要举措。以大学生创新创业项目为抓手，依托高校创业孵化平台，加强与政府、企业的合作，建立和完善高校创业孵化平台，推动大学生创新创业项目与社会需求对接，能够促进大学生创新创业项目成果转化。因此，在支持大学生创新创业的过程中，高校应积极加强与社会各界的合作，充分利用社会资源建设大学生创业孵化平台，为大学生提供创业思路，进一步优化创业环境，以推动大学生创新创业扶持力度的升级。

①加大宣传力度，提高知晓度。

第一，通过开展"走进大学校园"活动，加强政策宣传。通过宣讲团、宣讲会等形式，深入各高校进行政策宣传，并发放相关材料，将国家和社会对大学生创业的扶持政策、优惠政策和其他优惠政策直接向大学生宣讲，让广大学生及时了解国家和社会对大学生创新创业的支持与帮助，从而了解国家和社会对创新创业人才的需求，增强对国家和社会支持创业的信心。学校还可以通过邀请专家、教授举办讲座、开展论坛等形式进行政策宣讲，为大学生创业提供指导。

第二，充分利用网络媒体平台，提高政策宣传的覆盖面和影响力。目前，微博、微信、抖音等新媒体平台的运用越来越广泛，政府可以利用网络媒体平台向广大学生宣传，鼓励大学生积极参与其中。

第三，高校可积极与企业进行合作，将企业请进校园，让企业深入了

解国家和社会对大学生创新创业的扶持与帮助，将企业发展的需求、支持大学生创新创业的情况、大学生创新创业存在的问题等带到课堂上，让大学生了解企业的需求和发展状况以及国家和社会对大学生创新创业的支持与帮助。

②加大财政投入，提供坚实的保障。政府应进一步加大对大学生创业孵化平台建设的财政投入，为大学生创新创业提供资金保障，为大学生创新创业创造良好的环境。在资金来源方面，可采用多种渠道、多种方式筹措资金，包括学校自筹、财政拨款、银行贷款以及社会资助等。其中，学校自筹是主要的来源之一，学校应充分发挥自身优势，整合各类资源，为大学生提供资金支持。同时，学校还可以通过举办校际和校企之间的学生交流活动、加强与地方政府的合作等方式多渠道筹措资金。另外，在财政拨款方面，要保证对创业孵化平台建设的支持。

对此高校应对现有经费使用方式进行调整：一是将大学生创业孵化平台建设专项经费纳入学校整体教育教学和科研活动中；二是在保证财政拨款的前提下，鼓励学校进一步改革和完善高校预算拨款制度；三是国家加大对大学生创新创业专项资金的支持力度，进一步促进大学生创业孵化平台的建设。此外，高校还可以通过设立大学生创新创业奖学金等方式吸引更多的学生参与大学生创新创业项目。政府还应从税收政策等方面为大学生创新创业提供政策保障。

③制定相关政策，完善支持体系。充分发挥政府的主导作用，建立健全相关法律法规，制定完善大学生创新创业的各项扶持政策，从政策层面推动大学生创新创业。根据社会经济发展情况和各高校的实际情况，结合国家政策的指导意见，制定和完善高校创新创业教育的相关政策，通过多种方式帮助大学生树立正确的人生观和价值观，激发大学生创新创业的激情与动力。在政策层面，明确各高校开展大学生创新创业教育工作的主要方向，注重发挥高校的主动性和创造性。针对不同高校不同专业大学生培养目标、培养方向、培养模式等进行有针对性的指导与培训。在资金保障层面，积极协调有关部门制定和完善相应的政策措施，为大学生创新创业提供资金保障。在平台建设层面，不断加大与社会各界合作力度，充分利

用社会资源为大学生创新创业提供场地、资金、技术等方面的支持与帮助。在人员配置层面，整合和优化教师队伍和科研团队资源，加强教师队伍建设。在教育培训层面，结合各高校实际情况开展各类创新创业培训活动，培养一批高素质、专业化、创新型的创新创业师资队伍。

④提供优质创业服务，推进平台建设。目前，我国高校普遍缺乏专门的大学生优质创业服务，高校应依托专业机构，整合高校、政府和社会各方资源，建立大学生创业孵化平台，为大学生创新创业提供培训、指导、咨询等服务。在服务过程中应充分利用现有条件：利用好高校图书馆、实验室等资源，为大学生提供学习和实践的场所；利用好各级政府部门的政策资源和各相关单位的优势资源，为大学生提供政策咨询服务；同时，积极与企业、创业机构进行合作，为大学生提供实践平台和机会。此外，还要充分发挥高校学生组织在大学生创新创业活动中的作用，鼓励大学生积极参与创新创业实践活动。建立健全大学生创新创业奖励机制，完善和落实大学生创新创业政策，搭建大学生创新创业的政策服务平台。切实推进大学生创新创业扶持力度升级，促进大学生创新创业工作稳步开展。

4.1.1.2 拓宽扶持渠道，优化教育体系

想要使大学生创新创业力度得到保障与升级，拓宽扶持的渠道十分必要，这就要进一步优化目前的创业教育体系，从多元化的角度拓宽对创新创业力度的扶持，充分利用现有资源，为大学生创新创业提供更好的平台与更多的机会。

①将创新创业教育纳入人才培养方案。从学校层面，应进一步明确创新创业教育目标和定位，将创新创业教育纳入人才培养方案，强化大学生创新创业能力培养。高校应通过开设创新创业类选修课、建立创新创业教育实践基地、举办各类竞赛活动等形式，形成具有特色的创新创业教育体系，培养一批具有良好职业道德、较高理论水平和较强实践能力的学生。此外，高校应根据自身学科专业特点、人才培养目标和培养模式，探索形成科学的人才培养方案。对于理论教学而言，可采用线上线下相结合的教学方式，鼓励大学生多听名家讲座和学术报告，注重理论与实践相结合；

对于实践教学而言,可将创新创业教育与专业教育有机结合起来,加强实践教学平台建设;对于网络教学而言,要将创新创业教育作为网络课程的重要内容之一,加强对大学生网络创新创业教育的指导。同时,要通过政策引导和资金投入等方式鼓励企业为大学生提供实习岗位,并出台相关政策鼓励企业吸纳大学生就业,这能够为在校的大学生提供一定的社会经验,从而积累创新创业的相关知识,为未来的创新创业提供坚实的保障。

②打造高素质的教师队伍。高素质的教师队伍能够为在校大学生提供正确的引导,从基础上解决大学生的创新创业能力,因此高校应重视高素质教师队伍的建设,优化师资结构,实施创新创业教育师资队伍建设工程。

第一,从高校教师、科研人员中遴选优秀教师组建创新创业导师库,为大学生提供创业指导。通过教师资源的优化,完善创新创业教育教学资源,加强公共基础课、专业基础课和专业课教师创新创业能力的培训力度,促进教学内容与市场需求有效衔接。

第二,要加大大学生创新创业教师的培训力度,提升其指导水平,搭建教师交流学习的平台,提升其业务水平。通过组建创新创业教育名师工作室,聘请具有创新创业教育经验的企业家、成功创业者、职业经理人等担任指导教师,通过多种形式促进创新创业师资队伍的专业化和职业化。

第三,要建立健全教师考评机制,将其作为教师岗位聘任和绩效考核的重要内容,加大对优秀教师的激励力度,要深化教师人事制度改革,畅通青年教师到企业锻炼成长的通道,让高校教师在实践中增长才干。

第四,要在政策上对创新创业活动予以倾斜和鼓励,促进各类创新创业活动深入开展,鼓励教师从事科研和科技成果转化,培养更多的高水平创新创业人才。通过设立创新创业专项资金、加大科研成果转化的扶持力度等方式,鼓励和引导教师在教学中进行探索和创新,为大学生提供实践和锻炼的机会。

③推动校企合作。高校可以利用科技优势、人才优势和企业的市场优势,推进校企合作,协同培养大学生的创新创业能力。例如,北京理工大学与国舜集团共同建设北京理工大学大学生创新创业社会实践基地,鼓励

学生进行"小发明、小创造"。通过校企合作，积极探索创新创业人才培养模式，解决企业人才需求与高校人才培养不适应问题，实现校企协同育人，有效推进大学生创新创业教育。此外，高校还可根据学校学科专业特色和大学生实践能力培养要求，积极探索实践教学模式，在校内建立创新创业训练基地和校外创新创业实训基地，在"互联网+""智能+""大数据+"等新技术新经济背景下，将实践教学环节与生产实践、社会实践、创业实践相结合，促进学生主动学习和创新。

④营造创新创业文化。文化是高校开展创新创业教育的重要思想基础，只有将创新创业文化融入校园文化，才能充分发挥出创新创业教育的功能和价值，实现教育目标。对此，高校应为大学生努力营造创新创意的文化氛围，加强校园文化建设，增强大学生创新创业的意识。

第一，通过宣传、鼓励、引导、规范等方式，将创新创业意识贯穿于高校教育教学的全过程，发挥思想政治理论课对大学生的引导作用，帮助大学生树立正确的人生观和价值观。

第二，通过开展校园文化活动，加强校园文化建设，营造浓厚的创新创业氛围，通过举办创新创业主题活动、举办大学生"创业英雄会"等活动，对大学生进行创业教育和创新教育，使大学生能够对创业产生新的理解，养成创新思维和创业意识，为创新创业打下良好的思想基础。

第三，通过宣传优秀创业典型和成功创业经验，引导大学生树立正确的价值观、人生观和创业观。通过组织学生参观高新技术企业、创业孵化园、科技园、创业园等实践活动，培养大学生创新意识和创业精神，使大学生在参与实践的过程中学会思考，培养团队合作意识和领导能力，激发大学生的创新意识和创新精神。

4.1.1.3 加大资金支持，提升扶持水平

创业是推动经济社会发展的重要力量，也是扩大就业、增加收入的重要途径。党的十八大以来，以习近平同志为核心的党中央高度重视创业工作，为推动大众创业、万众创新提供了有力支撑。各高校在积极落实国家、省、市关于大学生创业扶持政策的基础上，还需要不断加大资金支持

力度，提升大学生创业扶持水平，从而获得积极的成效。

①加大财政资金支持力度，强化创业扶持政策的落实。大学生创业的扶持政策是在国家、省、市等一系列扶持政策基础上形成的，在实际执行过程中，由于各高校经费来源不同，导致大学生创业扶持政策的落实存在差异。因此，需要通过财政资金的投入，实现对大学生创业的扶持。在制订财政资金投入计划时，应当充分考虑各高校发展水平、地理位置和学科优势等因素，确定合理的资金投入比例。同时，也需要将创业扶持政策与国家、省、市等相关政策相结合，加大财政资金支持力度。为了落实创业扶持政策，各高校应该加强与市财政局的联系与沟通，获取相关资料。例如，可以向市财政局申请大学生创业专项资金等。还可以将市财政局推荐的优秀大学生创业项目纳入学校大学生创新创业实践项目之中。同时，将国家、省、市等相关政策及时传达给学生。例如，对于大学生自主创业的场地租金补贴、社会保险补贴、税收优惠、创业贷款贴息等方面的优惠政策要及时传达给学生。此外，在资金投入方面也可以向有意向的高校倾斜，加大财政资金投入力度。例如，可以向重点高校倾斜，将财政资金更多地用于支持重点高校自主创业项目；还可以在资金投入上向省示范院校倾斜，将部分财政资金用于支持省级示范院校项目。

②设立大学生创业基金，探索多渠道资金投入。设立大学生创业基金，不仅能够为大学生创业提供更多的资金支持，同时也有利于形成"政府引导、企业参与、社会支持"的大学生创业投入机制，从而更好地提升大学生创业的扶持水平。一是设立创业引导基金。建立大学生创业引导基金，作为财政投资、银行贷款、社会资本共同参与的引导基金，由财政部门负责筹措引导基金，通过与银行合作设立专项基金，对大学生创业项目的孵化给予必要的资金支持。二是设立大学生创业种子资金。政府可以设立大学生创业种子资金，主要用于支持大学生团队的初创阶段，包括项目培育、项目孵化和项目支持三个方面。政府可以通过政府购买服务的方式，对高校进行专项资金补助，同时引入市场机制，通过与社会资本合作成立大学生创业引导资金，为创业项目提供资金支持。

各高校还可以利用学校现有的资源，探索多渠道资金投入的有效途径，如争取社会资源支持，引入外部企业参与。在大学生创业扶持工作中，不仅要充分利用好政府、高校和校友资源，还要积极引入社会企业参与大学生创业项目的孵化和支持工作。高校要建立与地方企业对接的机制，吸引外部企业参与大学生创业项目的孵化和支持工作，建立与地方企业对接的机制，建立校企合作平台，为创业学生提供必要的办公场所、网络设备、实践基地等。此外，高校还可以通过开展公益创投活动，鼓励学生成立大学生创业公司，或者组织学生以公司员工的身份参与创业项目，为创业学生提供必要的资金支持。

③完善大学生创业孵化体系，提升大学生创业能力。创新创业教育体系是创业人才培养的重要途径，也是高校人才培养的重要任务。各地各高校应以《国家中长期教育改革和发展规划纲要》为指导，以创新创业教育改革为主线，以创新创业教育课程为核心，以创新创业实践为载体，以培养大学生创新精神和实践能力为重点，进一步完善大学生创业孵化体系。

第一，要健全制度的保障。各高校要建立健全大学生创业孵化体系的相关制度，完善大学生创业孵化的指导机构，明确指导机构的职责，为大学生创业孵化工作提供组织保障，同时要完善对大学生创业孵化项目的支持制度，通过项目支持、奖励和经费等方式鼓励学生积极参与大学生创业孵化工作。

第二，要完善政策的支持。各高校应根据自身实际情况，制定具有可操作性的大学生创业孵化政策和实施办法，使其能够真正落地。

第三，要加强基地的建设。各高校要加强大学生创业孵化基地建设，积极推动大学生创业孵化基地向"双创"基地转型，实现由孵化场地向孵化平台的转变，打造集创新创业、实习实训、培训教育等多功能为一体的综合性创业平台。同时，各高校应将大学生创业孵化纳入学校教学工作计划和教学改革之中，并给予一定的经费支持。

④探索引入社会资本，设立大学生创业发展基金。创业发展基金是对创业项目进行的一种投资基金，一般由政府财政投入，政府利用财政资金引导和带动社会资金进入创业投资领域，支持有一定发展前景的大学生创业项目。通过与社会资本的合作，充分发挥双方各自优势，能够更好地扶

持大学生创业。要加强与社会资本的合作,充分发挥社会资本的优势和作用,通过参与设立大学生创业发展基金、天使投资基金、创业风险投资基金等多种形式,帮助大学生创业解决资金短缺问题。

具体来讲,可以通过以下几种途径引入社会资本:一是高校与相关投资机构合作,通过设立大学生创业发展基金、天使投资基金、创业风险投资基金等,为大学生创业企业提供融资支持;二是高校与银行等金融机构合作,可通过银行贷款等方式为大学生创业企业提供资金支持;三是高校通过设立产业引导基金等方式,鼓励和支持有实力的国有企业、民营企业、社会资本设立大学生创业发展基金,为大学生创业企业提供资金支持,积极引入其他企业和机构等社会资本参与设立大学生创业发展基金;四是高校通过设立专项发展基金,支持和鼓励有一定发展前景的大学生创业企业参与国家创新驱动发展战略和"双创"战略。

4.1.2 理论培养结合实践孵化打造应用实践场景

为适应我国新时代人才培养要求,促进学生全面发展,高校应加强创新创业教育,将理论与实践相结合,孵化大学生创新创业应用场景。在理论方面,应开展理论教育活动,培养创业意识,完善相关理论教学体系;在实践方面,应强化实践教学活动,完善实践教学体系。为培养高素质创新创业人才提供保障,具体内容如下。

4.1.2.1 理论方面

理论是实践的基础,为了进一步推动高校教育事业的发展,培养出更多专业型、应用型、创新创业型人才,高校应采取理论知识的渗透,为打造创新创业应用实践场景奠定基础。

①以"三全育人"理念为指导,加强创新创业教育。"三全育人"是以习近平新时代中国特色社会主义思想为指导,以全面提高人才培养能力为关键,切实提高工作亲和力和针对性,强化基础、突出重点、建立规范、落实责任,一体化构建内容完善、标准健全、运行科学、保障有力、成效显著的高校思想政治工作体系。在"三全育人"理念的指导下,高校

应该从多个方面对大学生进行创新创业能力的培养和训练，在创新创业教育体系中，可以从以下几个方面着手：一是加强高校教师队伍建设。要想提高创新创业教育质量，首先需要拥有一支优秀的师资队伍。高校应注重对教师进行创新创业教育培训，提高他们对创新创业教育的重视程度。二是构建合理的课程安排，制订出科学的培养计划，在对大学生进行创新创业教育时，可以通过开设相应的选修课程、实践课程以及讲座课程等形式，不断丰富创新创业教育内容，提高学生对创新创业的认识和理解，提高大学生的创新创业能力，为大学生营造良好的创新创业氛围。

②开展理论教育活动，完善理论教学体系。针对大学生开展理论教育活动，帮助大学生掌握相关知识，提高学习的积极性，提高学习效率。在教育过程中，要从大学生的兴趣出发，结合大学生的心理特点开展活动。在大学生进行创新创业训练时，首先要让大学生对创新创业有一个全面、清晰的了解，充分理解创新创业是一项非常复杂的工作。同时，还要让大学生了解到创新创业可以在日常生活中得到很好的体现。要想提高大学生的创新创业能力，首先要从培养大学生的兴趣入手。因此，在理论教学中应向大学生讲解相关知识，让他们充分认识到创新创业工作的重要性，同时也要让他们明白开展创新创业训练活动会对未来发展产生积极的影响。

在大学生进行创新创业训练时，要充分发挥教师和辅导员的作用。

首先，在专业理论教学中将理论与实践结合起来。在大学教育中开设相关课程，并将其纳入学分管理体系中。同时，要做好课堂教学和实践活动的衔接工作，帮助大学生建立创新创业意识和专业素养。

其次，在校园文化建设中要做好理论与实践活动相结合工作。学校应组织专业教师进行相关活动设计和安排，通过宣传教育提高大学生对创新创业的认识。同时，也可以邀请社会上优秀企业家举办讲座，帮助大学生建立科学合理的创新创业计划，进一步保障理论教学体系的完整性。

③培养创业意识，挖掘创新创业项目。随着社会经济的快速发展，很多传统行业逐渐被淘汰，而一些新兴行业逐渐发展壮大。为了提高大学生的就业竞争力，高校应采取有效措施培养大学生的创业意识，让大学生了解到创新创业是国家发展、社会进步的必然要求，是时代发展的必然趋

势。通过培养大学生的创新创业意识，让大学生了解到创新创业能够为国家和社会创造更多财富，能够在一定程度上推动社会经济和科技的发展。

高校应通过多种方式培养大学生的创新创业意识，帮助大学生明确创新创业的目标，让大学生了解到创新创业对于个人和社会发展的重要意义。高校在培养大学生创业意识时，应针对不同的专业，开展具有针对性的创业意识培训课程。除此之外，高校应根据大学生的就业方向进行合理规划与安排，以理论基础知识为依据，积极鼓励大学生参与创新创业实践。如参加一些创新创业比赛，通过比赛能够让大学生发现自身的不足，从而为其今后的发展提供方向。在实际的比赛过程中，高校能够培养大学生的创新意识，让大学生了解到创新创业对于个人和社会发展的重要意义。通过这样的方式能够让大学生认识到自身存在的不足和问题，从而在今后的学习和工作中积极改进，同时也能够有效地提高大学生的综合素质。

4.1.2.2 实践方面

随着社会的不断发展，当前大学生创新创业已经成为热门话题，我国教育改革不断深入，高校也在不断探索新的教育教学方式，全面推进大学生创新创业教育的发展。在理论基础上，结合实践，打造创新创业应用实践场景，从根本促进我国大学生创新创业教育的发展。

①建立校企合作，共建创新创业实践基地。高校可以和企业建立合作关系，建立创新创业实践基地，共同打造创新创业应用实践场景。在共建过程中，高校要充分发挥自身优势，为企业提供帮助。一方面，高校可以为企业提供技术指导和专业指导；另一方面，高校可以为企业提供人才资源。当前高校可以通过校企合作的方式，为企业培养人才，既能够保证企业发展的需要，也能够培养大学生的综合素质。高校可以将创新创业教育和实践教学相结合，培养大学生的创新创业能力。

第一，组织大学生开展创新创业大赛。高校可以通过举办创新创业大赛，为大学生提供展示自己的机会，激发大学生的创新创业热情。创新创业大赛是一种综合性比赛，既能检验大学生的实践能力，又能提高大学生的专业技能。在比赛中，大学生要发挥自己的聪明才智，充分展示自己的才能。高校可以通过举办创新创业大赛来培养大学生的创新能力和实践能力。在举办大赛过程中，高校要为参赛大学生提供必要的支持和帮助，为他们提供实践的平台。高校可以邀请一些知名企业和科研机构参与比赛，为大学生提供专业指导和技术支持。企业管理人员可以在比赛现场进行直接的指导，让他们将自己管理模式与企业实际相结合，不断提高大赛的水平和质量。在比赛过程中，可以通过对优秀项目进行奖励来调动学生的积极性，激励他们不断提升自己。高校还要鼓励教师积极参加创新创业大赛，并为他们提供必要的技术支持和资金支持。

第二，建立创新创业实践基地。在共建过程中，高校要将大学生创新创业能力的培养放在首位，同时还要建立相应的激励机制。高校要把大学生创新创业教育工作放在重要位置，使大学生的创新创业能力得到有效提升。在共建过程中，高校要为企业提供必要的人才资源，帮助企业解决在发展过程中遇到的难题。企业要主动参与到高校大学生创新创业教育工作中，让大学生在实践中锻炼自己。同时，企业还要为高校大学生提供实习机会和岗位，让大学生能够接触到实际工作中遇到的问题。此外，企业还可以甄选优秀大学生，为其提供科研项目的实践机会，提高优秀大学生的科研能力。在共建过程中要建立相应的激励机制，鼓励大学生参与到企业创新创业教育工作中。企业可以为大学生提供实习岗位和科研岗位，让大学生能够参与到实践活动中。

第三，开展技术咨询服务。在高校创新创业实践基地中，企业可以为大学生提供技术咨询服务，让大学生能够将自己所学知识应用到实践中去，这样既能够增强学生的创新意识，又能够让大学生将理论知识转化为实际应用能力。此外，大学生也可以通过实践活动来检验自己的知识掌握情况，从而不断提高自己的创新能力和创业能力。同时，企业也可以为大学生提供相关岗位和培训，让大学生在实践活动中提升自己的综合素质。只有在双方合作过程中充分发挥各自优势，让大学生在实践中提高自己的创新创业能力，才能够保障理论培养结合实践打造真正适用于大学生的实践场景，为大学生营造良好的创新创业氛围。

②提升科技含量，拓展创新创业项目产业链。创新创业教育是大学人才培养的重要内容。大学生创新创业项目存在着科技含量不高、产业链拓展不足的问题。在分析原因后，提出要提高大学生创新创业项目科技含量，注重提升其项目的技术含量和市场应用价值；通过拓宽产业链，为大学生创新创业项目提供良好的外部环境；通过构建项目孵化平台，拓展大学生创新创业项目的产业链。

第一，以提升科技含量为目的进行技术升级。当前，随着我国高校创业教育的发展，越来越多的高校开始重视大学生创新创业教育，并开展了一系列工作，如举办创新创业大赛、开放实验室、举办创业论坛等。这些举措虽然对大学生创新创业教育起到了一定的推动作用，但在实际操作中仍存在一些问题。例如，不少大学生在参加大赛时，会以获得奖项作为创新创业项目的终极目标。在这种目标导向下，其项目往往重技术轻市场，缺乏对科技创新与市场应用价值的深度挖掘。

提升大学生创新创业项目科技含量的关键在于解决技术含量低和市场应用价值不高两个问题。一方面，高校在培养人才时往往偏重于对大学生进行知识的传授和技能的训练，忽视了对大学生综合能力的培养。因此，在大学生创新创业项目中，大多数学生难以从专业角度去思考问题和解决问题。另一方面，由于国内高校对大学生创新创业教育缺少系统的研究和规划，没有设置专门的管理机构，工作程序混乱，缺少理论与实践的指导，大学生在开展项目时很难保持持久的动力。认识这些问题所在，持续改进并建立相关管理制度和工作程序，才能提高大学生创新创业项目的科技含量。对此，应在大学一年级开设基础的创业课程，培养大学生的创新思维能力；在大三、大四期间，以提升科技含量为目的进行技术升级，通过举办创新创业大赛，提高大学生的创新创业能力；在开展项目时，要以项目为中心，从培养大学生综合素质、激发大学生的兴趣爱好出发，对其项目进行系统规划和研究，提升其技术含量，还要注重对大学生创新创业项目的后续跟踪指导工作。

第二，创新创业项目与科技产业发展相结合。提高大学生创新创业项目科技含量，是新形势下开展大学生创新创业教育的核心内容。提高大学生创新创业项目的科技含量,是增强大学生创新创业意识和能力的重要途径,也是促进高校科技成果转化、提高高校人才培养质量、服务国家创新驱动发展战略的重要举措。

随着高校人才培养的不断推进,科技成果转化和产业发展也日益成为高等教育研究的重点领域,越来越多的高校在开设创新创业教育课程的同时,开始注重科技成果转化和产业发展相关内容的教学。例如,南京大学面向本科生开设了信息科学与技术专业,在对学生进行创新创业教育时,就将项目引入该专业课程中。大学生可以在完成正常学业的基础上,通过在高校实验室和企业等进行实践、参观、实习等形式来了解科研项目和成果。在课程学习过程中,大学生可以通过论文写作、实地调研、参加学术交流活动等形式了解科研项目和成果。同时,学校还提供了多种形式的企业实习机会,如组织大学生参加"挑战杯""互联网+"等大学生创新创业大赛、开展创新创业训练营、举办"创业大讲堂"等活动,为大学生提供更多实践机会。在完成课程学习后,大学生可以在导师的指导下对这些成果进行整理、包装,再通过与企业合作的方式转化为科技成果。这不仅提高了大学生的实践能力和创新能力,而且也提高了科技成果转化和产业发展相关内容在大学生创新创业教育中的比重。

目前,我国高校普遍开展创新创业教育的形式主要有以下几种:一是设立"双创"学院,这是从本科层次开展创新创业教育的最主要形式;二是将创新创业教育与专业教育结合起来;三是将创新创业教育与其他课程融合起来。在创新创业教育过程中,将专业知识与创新创业实践相结合不仅在理论上有较高的要求,而且在实践操作的过程中也具有一定难度。为了保证创新创业教育的顺利实施,高校应多次组织师生展开讨论研究,促进创新创业项目的顺利实施。

第三,增强科技含量向高端市场发展。高校是创新创业教育的主阵地,创新创业教育的重点在于培养大学生的创新精神和创新能力,促进大学生全面发展。但是,我国的高校普遍存在重视学科知识教育、忽视大学生素质教育的现象,这就使得大学生在一定程度上缺少创新意识、缺乏实践能力。因此,高校要把创新创业教育融入人才培养中,通过课程体系设置、课程内容调整等途径，让大学生更好地掌握知识和技能，使大学生能够适应未来社会发展的需要。其中要注重大学生创新创业项目科技含量，提升其市场应用价值，让大学生在创新创业过程中能够获得更多的经济回报和社会价值。对此，高校可以通过定期举办创新创业大赛、组织师生到企业参观等，让大学生了解市场需求、了解企业运营状况，从而在一定程度上培养大学生的实践能力。高校要通过设立大学生创新创业基金、创业学院等途径来为大学生创新创业项目提供资金支持。

③构建实践应用场景，营造良好环境。实践是检验真理的唯一标准，任何理论的学习都是为了实践，所以大学生创新创业教育需要把理论和实践相结合。在实践中，通过师生互动和学生活动，真正理解创新创业教育的内涵和意义，为大学生创新创业奠定坚实基础。同时，在构建创新创业应用场景时，必须坚持以人为本，充分考虑大学生的学习特点和接受能力，注重培养大学生的综合素质和创新思维，从实际出发，结合课程内容和教学目标来打造大学生创新创业应用场景，以培养具有创新精神、创业精神、职业精神的人才为目标，促进大学生创新创业教育的发展。

第一，培育大学生创业理念。大学生创新创业教育是一种理念引导，它的顺利实施需要在日常教学中潜移默化地传递。应在大学教育中积极培育大学生的创新创业理念，通过各类校园文化活动和实践活动，让大学生了解创新创业的重要性和意义，引导大学生树立正确的创业价值观，为创业打下思想基础。同时，要加大对大学生创新创业典型人物的宣传力度，通过榜样示范、事迹宣讲、媒体宣传等方式，让广大大学生在学习先进人物事迹的过程中提升创新创业意识，激发大学生的创业热情。此外，要加强对大学生创新创业典型案例的研究分析，总结出具有普遍意义的经验做法，让大学生了解创业过程中的成功与失败，从而积累宝贵经验和教训。

第二，完善创新创业基础设施体系建设。

首先，鼓励和支持高校围绕创新创业教育与实践，构建创新创业教育体系，不断完善高校创新创业基础设施建设。加快推进高校科技成果转化基地、大学生创客空间、创新创业孵化基地等基础设施建设，为大学生开展创新创业活动提供必要的条件和环境。

其次，进一步完善创新创业人才培养体系。要注重大学生自主学习能力的培养，通过构建校内外实践教学平台、举办各类竞赛等方式，加强大学生实践能力和创新创业能力的培养。同时，还要充分发挥校企合作育人平台作用，加强校内实验实训中心和校外实践教学基地建设，构建校内外实践教学平台。以校内实验实训中心为核心，整合校内外实践教学资源，不断优化和完善高校创新创业基础设施体系的建设。

最后，要建立健全创新创业风险投资机制和服务体系，为大学生开展创新创业活动提供必要的资金支持。一方面，要将大学生创新创业与国家战略紧密结合起来，将国家层面的支持政策落到实处，积极争取国家层面的支持政策，为大学生开展创新创业活动提供更多机会。另一方面，要将大学生创新创业与地方发展战略结合起来，将地方发展战略融入大学生创新创业的实践中，以地方发展战略为契机，推动大学生创新创业。

第三，改革创新创业教学方式。一方面，高校要推动创新创业教育理念的更新。以促进创新创业为导向，把创新创业教育纳入人才培养体系，建立健全创新创业教育机制，构建科学合理的课程体系，培养大学生的创新思维和创业能力。另一方面，高校要充分利用互联网技术，开展线上线下相结合的创新创业教育。采用线上线下相结合的教学模式，积极推行翻转课堂、案例教学、模拟训练、项目实践等多种教学方法。在课堂上，教师可通过案例分析、小组讨论等方式培养大学生的创新思维和创业能力。同时，还要加强与企业合作，引导大学生积极参与"互联网+"行动计划、"大创计划"等项目。在课外，学校要鼓励大学生参加各类竞赛活动。通过这些活动增强大学生的团队合作意识和市场竞争意识，使其了解创新创业活动的过程和方法。

4.1.3 一站式服务强化大学生创新创业社会参与

4.1.3.1 搭建一站式服务平台

高校要以培育创新创业精神为核心，通过科学规划、精心设计、合理布局，构建学生创新创业一站式服务平台。

首先，要充分利用校园网及其他公共网络资源，为大学生提供信息服务。学校可以充分利用现有资源，建设创新创业网站和网络服务平台，为大学生提供政策咨询、创业辅导、就业指导等信息服务，并适时开展创业项目推介和项目路演活动。

其次，要依托各级各类创新创业孵化基地为大学生提供场地、指导和资金支持。通过搭建大学生创新创业实践基地、大学生创业孵化中心等平台，为大学生提供研发、生产、销售、展示等活动场所；通过打造"创客空间""创新工场"等创新创业公共服务平台，为大学生提供场地和服务。

最后，要建立"一室多区"的创新创业教育实践场所，为大学生提供实训场所，让大学生在实践中提升创新创业能力，如"科技企业孵化器""大学生创业基地"等；同时，建立专门的创新创业实验室或实训室，为大学生提供专业知识和技能训练的场所。

此外，高校还可以借鉴国内外先进经验，积极与地方政府、企业等建立合作关系，争取各方资源，建设大学生创新创业实践基地和孵化基地。

4.1.3.2　完善一站式服务机制

当前，我国高校在管理体制、办学体制和培养模式上存在较大的差异，高校在创新创业教育中面临着诸多问题和困难。因此，高校要不断深化改革，进一步健全和完善大学生创新创业一站式服务机制，为大学生提供优质、高效的创新创业服务。

首先，完善一站式服务机制需要健全相关制度。高校要建立健全创新创业教育制度，根据新时期社会发展对人才的需求以及不同专业的特点，对其进行相应的调整，使创新创业教育和专业教育有机结合起来；完善课程体系建设制度，根据不同学科和专业的特点来设置创新创业课程，为大学生提供丰富、多样的创新创业知识；完善大学生创新创业实践平台建设制度，让大学生在实践中体验到创新创业的乐趣；完善大学生创新创业质量评价机制，对学生的创新创业成果进行及时的评价与反馈。

其次，要不断提高大学生创新创业服务水平。要加强教师队伍建设，不断提高教师的创新创业素质和能力；完善大学生创新创业服务平台建设制度，建立以学生为中心的服务体系；建立健全大学生创新创业信息服务平台建设制度，及时更新相关信息和数据；完善大学生创新创业政策宣传和解读制度；建立大学生创业帮扶制度。

最后，要优化大学生管理模式。要加强大学生管理服务体系建设，实现大学生从入学到毕业的全程服务。要以优化大学生管理模式为切入点，开展好大学生创新创业教育工作，充分发挥校园文化在大学生创新创业教育中的重要作用，从而为大学生营造良好的学习环境和氛围，激发大学生学习兴趣和积极性。

4.1.3.3 优化一站式服务环境

创新创业教育是一种教育理念，也是一种教育手段，更是一种教育环境。学校要把创新创业教育理念和模式贯穿到人才培养全过程，推动高校创新创业教育高质量发展，为创新创业实践活动提供良好的环境条件。

优化服务环境是实施创新创业教育的基础和前提。在组织管理上，高校要优化学校内部管理机构设置，构建并完善创新创业服务平台，加强对校内各部门创新创业工作的统筹协调，推进跨部门协同联动；在制度建设上，高校要健全以学生为中心的学生事务管理机制和创新创业政策服务体系，制定高校创新创业相关文件，完善制度建设；在资源配置上，高校要整合校内各部门的资源优势，建立健全创新创业项目库、案例库等，为大学生提供相关的案例参考；在服务质量上，高校要完善服务质量管理体系和激励约束机制，构建健全的服务质量监督体系和考核评价机制，加强服务质量的管理。同时，高校要构建创新创业教育服务质量评估体系，将创新创业教育纳入人才培养方案，建立健全创新创业教育质量评价体系和标准。

优化服务环境需要多方联动、齐抓共管。政府相关部门要优化创新创业政策支持体系和环境，建立健全企业参与的"双创"服务平台和机制；相关企业要积极为大学生创新创业提供政策支持和平台支撑；高校要强化教育师资队伍建设、课程体系建设、实践平台建设、质量评价体系建设等，形成校内外协同联动的新格局，真正地做到一站式服务环境的优化，从而使大学生创新创业教育工作得到长足发展。

4.1.3.4 提高一站式服务水平

高校要坚持"以学生为中心"的工作理念,大力推进一站式服务,持续优化服务环境,持续提升服务质量,更好地满足大学生创新创业社会参与需求。

第一,要优化资源配置,为大学生创新创业提供优质的场地、资金和资源。高校要进一步完善大学生创新创业服务平台,鼓励社会各界力量参与平台建设,整合校内外资源,为大学生创新创业提供一站式服务。

第二,打造一站式创业服务平台。高校要建立"一窗受理""一站式"的创新创业服务机制,实现政策咨询、工商注册、税务登记、代理记账等相关问题咨询的一条龙服务,为大学生提供便捷高效的全方位优质创业服务。

第三,要坚持"以人为本",提高大学生创新创业服务水平。高校要将"以学生为中心"的工作理念贯穿于一站式服务的全过程,及时解决大学生创新创业过程中遇到的困难和问题,全方位提升服务水平,为大学生创新创业提供优质的社会参与环境。

4.2 构建专业背景的创新创业提升路径

专业背景的创新创业提升路径是指以某一专业背景的学生为主要对象,以大学生创新创业教育为中心,以其所学专业和自身的综合素质为依托,通过培养其创新创业能力,促进其顺利就业与创业。在开展大学生创新创业教育中,应打造本专业创新创业品牌项目,构建以专业背景为主体的创新创业教育路径,在培养途径、课程设置、师资队伍建设、学生管理等方面进行系统规划和改革,打造专业特性下的多层次教学体系。其创新之处在于从大学生就业角度出发,打破学科壁垒,通过学科交叉促进大学生创新创业能力的提升。构建专业背景的创新创业提升路径有利于高校有效开展创新创业教育,能够有效解决大学生就业难问题。

4.2.1 打造大学生创新创业品牌项目

随着社会经济的快速发展,创业就业的优势逐步凸显,创业带动就业的作用也日益凸显。大学生是创业就业的重点群体,是未来社会经济发展的中坚力量。对高校而言,加强对大学生创新创业教育,促进大学生自主创业就业,提高大学生创新创业能力,是建设创新型国家、促进经济持续健康发展的需要;对于高校毕业生来说,通过积极投身到创新创业实践,能够提高自身综合素质和就业能力。所以,打造大学生创新创业品牌项目对于大学生创新创业能力的提高具有重要意义。

4.2.1.1 重视项目宣传,强化品牌意识

品牌项目的宣传和推广,在很大程度上影响着项目的推广和影响力,对于打造品牌项目具有重要意义。要重视品牌项目宣传,让更多人知道有这样一个项目,了解这个项目的运行过程、取得的成果,这样才能更好地激励大学生创新创业。要利用各种渠道宣传好创新创业品牌项目,如学校官方网站、微信公众号、抖音快手短视频平台等。在校内举办创新创业系列活动,为大学生提供交流与展示的平台,让大学生充分发挥自己的创意和才能。此外,在校园内大力宣传优秀大学生创新创业品牌项目和成果,展示优秀大学生创新创业的风采。同时,也要向社会宣传优秀项目和成果,让更多人知道有这样一些优质的项目,吸引更多社会资源关注大学生创新创业工作。通过校内与校外两个渠道共同宣传大学生创新创业品牌项目,提升大学生创新创业品牌项目的知名度和影响力。

①积极宣传,扩大项目影响力。在我国,高校的创新创业教育正在逐步得到重视,国家也在积极推动高校的创新创业教育改革。为了进一步发挥学生的积极性,激发大学生的创新创业热情,高校需要重视项目宣传工作。

一方面,需要加大宣传力度。因为对于大部分大学生来说,创新创业教育是一项全新的学习领域,因此高校需要对其进行充分宣传,使广大师生认识到创新创业项目的重要作用,了解项目的研究方向和研究价值。同

时，高校还需要利用多种渠道进行宣传，如开设相关讲座、研讨会等形式，提高大学生对项目的认识。另一方面，需要重视对大学生的引导。高校需要积极引导大学生参与创新创业项目，充分发挥大学生在项目研究中的主体作用。同时，高校还需要在班级、学院以及学校中开设创新创业课程，并通过各种形式对大学生进行引导和教育，使他们能够正确认识到自己在项目研究中所扮演的角色。

②突出重点，提高项目竞争力。在项目宣传过程中，要充分考虑项目的特色，突出重点，提高项目的竞争力。要根据当前市场的需求和竞争对手的情况，选择具有竞争力的项目，提高其质量。在开展宣传活动时，要把握重点，对项目进行全面、详细、准确的宣传。可以根据产品的特点和市场情况对产品进行详细介绍，通过视频、图片等方式展现产品特点和优势。同时，还可以采用相关问题来吸引消费者的注意。在进行项目宣传时，要根据实际情况制定详细的宣传方案，在宣传过程中，要突出重点，使宣传内容更加生动，突出重点问题，提高项目的竞争力。

③重视口碑，加强项目推广。口碑是项目最重要的宣传途径，在项目推广过程中，口碑宣传是非常重要的，主要包括：利用各种社交媒体平台对项目进行推广，如微信、微博等；利用网络媒体的互动性、参与性和即时性等特点，鼓励高校大学生积极参与项目的宣传；利用线上线下结合的方式，鼓励高校大学生积极参加创新创业类活动。

比如，大学生在参加创新创业类活动过程中积极分享自己的成功经验，从而带动更多人参与其中，还可以在实践活动结束之后邀请优秀的创新创业大学生进行经验分享，通过口碑的建立，不断加强创新创业品牌项目的推广，从而让更多的人参与到创新创业项目中来。

目前，高校可以采取的口碑推广方式主要包括：在校内的各个角落张贴海报，向大学生发放项目宣传册，以吸引更多人的关注，让大学生积极参与到项目宣传中来；可以通过举办创新创业活动的方式，让大学生积极参与其中，从而带动更多人参与到创新创业活动中来；还可以通过邀请优秀的企业家开展讲座的方式，让企业家从自身角度出发，以自身成功创业的经历为例，向大学生分享自己对创新创业的理解，从而吸引更多人关注到创新创业品牌项目中来。

4.2.1.2 重视项目管理，营造良好氛围

首先，要重视项目管理，保障项目顺利进行。学校要对大学生创新创业项目进行有效管理，建立健全大学生创新创业项目管理机制，保障项目实施质量。学校在经费、人力、物力等方面给予大学生创新创业项目充分支持，在立项、审批、指导等环节提供便利服务。可以通过设立大学生创新创业基金，建立校级创新创业孵化基地和学科专业建设与管理团队等方式，为大学生创新创业项目提供平台。

其次，要营造良好的氛围。学校可以通过举办丰富多彩的活动，提高大学生对创新创业项目的兴趣。一是要开展创业大讲堂活动，邀请校内知名企业家、行业专家及成功创业者到校园开展讲座，帮助大学生了解当前社会发展现状、市场需求等情况；二是要开展大学生创新创业大赛活动，举办各种形式的大赛活动，以赛促教、以赛促学，激发大学生学习动力。举办大赛不仅能够提高大学生的创新思维能力和实践动手能力，还能够培养大学生团队合作意识、竞争意识和创业精神。

最后，要重视项目评估工作。学校要建立健全大学生创新创业项目管理机制和评估机制，将评估结果作为评优评先的重要依据。学校可以设立专门的大学生创新创业基金并进行有效管理，充分利用这些基金支持学生自主开展创新创业项目；在科研立项方面建立激励机制和动态管理机制，对于那些具有创新性和实用性的成果予以立项支持；在学校学科建设方面注重与企业、社会开展合作共建活动，利用企业、社会等资源来帮助学校提高教学质量和科研水平。

此外，要重视教师指导作用的发挥。教师在大学生创新创业实践过程中具有重要作用，学校要建立健全激励机制和保障制度，充分发挥教师在大学生创新创业实践中的指导作用。学校要完善指导机制和工作制度，为教师提供良好的服务条件和制度环境；同时，还要加强对教师指导工作的监督检查。学校要加大对老师指导大学生创新创业实践工作的检查力度，及时发现问题并整改；同时，加强对教师指导大学生过程中产生的成果、

经验等方面的总结和提炼。对于积极主动开展创新创业实践活动的教师要予以表彰鼓励,对于不能认真指导大学生、没有做出成果或成效较差的教师要予以通报批评。

4.2.1.3 重视团队建设,提升创新创业能力

随着高等教育改革的深入,创新创业教育改革也不断深化。在实践中,大学生创新创业教育模式创新的关键在于团队建设,这是提升大学生创新创业能力的有效途径。

①打造项目核心团队。创业团队的组建和建设,是高校大学生创新创业教育的关键环节,也是大学生创新创业能力培养的重要内容。一是选拔优秀人才。要结合创新创业教育人才培养方案,组建一支符合项目发展需要、具有较高素质的团队成员。应由项目负责人、技术骨干、管理骨干以及行业专家组成,具有丰富的项目运作经验,能够发挥团队优势,整合各种资源。二是明确团队目标。在组建团队之前,要结合创新创业教育培养目标,对创业团队进行明确定位,确定项目发展方向和主要任务,制订明确的工作计划和实施方案。三是制定合理制度。这是核心团队建设的重要手段,要建立健全团队成员的聘用、考核、奖惩等制度,明确职责,充分调动成员的积极性。四是加强合作交流。要以团队为单位,建立团队建设与交流制度,通过团队成员的互访交流、学习观摩,形成良好的沟通和合作氛围。

②组建项目执行团队。创业项目的成功,不仅需要核心团队的努力,也离不开执行团队的协作。因此,要根据项目实际情况组建项目执行团队,让核心团队成员、核心团队的指导老师以及学生都参与到项目中来,共同完成项目任务。在具体实施中,可以由创业导师、企业高管、创业校友、专家教授等组成项目执行团队,为项目提供咨询、指导、技术支持等服务,使项目顺利完成。同时,要注重外部资源的整合与利用,为大学生创新创业提供更多实践平台。在实践中,可以借助专业资源优势来优化大学生创新创业项目的实践平台,如与学校科研院所合作开展研究,为项目提供技术支持和咨询服务等,为大学生创新创业提供更多实践平台。另

外,通过与企业、创业园区、行业协会等社会机构合作,实现大学生创新创业项目与社会资源的有效对接,为大学生创新创业提供更多实践平台。总之,要发挥出团队力量的作用,营造良好的创新创业氛围,以学生为主体,以教师为指导,以企业和社会机构为依托,共同完成项目任务。通过这些途径和方式,推动大学生创新创业项目顺利完成。

③健全项目管理体系。目前,我国很多高校已经建立起了比较完善的大学生创新创业教育体系,但还存在一些不足,如对创新创业教育的重视程度不够、缺乏对大学生创新创业意识和能力的培养等。因此,要想真正培养出具有创新意识、创新能力和创业实践能力的高素质人才,就必须建立健全完善的大学生创新创业项目管理体系。在项目管理中,要建立起完善的管理机制和激励机制,以激发教师和学生参与项目的积极性和主动性,从而培养大学生的创新创业意识和能力。

首先,建立创新创业指导委员会。在项目管理中,要建立起科学合理的组织机构,并发挥其应有的作用,确保项目正常运行。

其次,优化项目实施的流程,做好项目准备工作、明确项目目标、选择合适的实施方式、制定详细的项目实施方案。

最后,建立相应的激励机制。在项目实施过程中,要加强对执行团队的激励,制定出相应的奖励制度。

4.2.1.4 重视项目指导,打造专业师资

高校应重视项目的指导,积极聘请专业人员为项目负责人,并充分发挥其在项目管理中的作用。在项目建设过程中,专业师资力量是项目顺利开展的重要保障,能够提供充分的项目指导,提升项目的质量,从而提高项目的知名度和影响力。专业师资力量也是企业引进人才的重要标准之一,专业师资力量强大的企业在招聘过程中更加青睐有专业知识的大学生,并能够为大学生提供更多的实习机会。具体做法如下:

第一,要为项目团队配备专业导师,指导大学生开展创新创业项目。大学生创新创业项目是一个长期的过程,需要得到多方面的支持,尤其是导师指导。而大学是培养人才的地方,学校里有很多优秀的教师,也有很

多成功的企业家，这都是创新创业项目所需要的人才资源。因此，要为大学生创新创业项目配备专业的指导教师，在具体的创业过程中为大学生提供针对性的指导，并为大学生提供创业所需要的信息、资源等，以此为依据，打造大学生创新创业品牌项目。

第二，要发挥榜样作用，带动大学生参与项目。榜样的力量是无穷的，他们不仅能够给大学生以启发，而且还能够让大学生参与到创新创业项目中。在项目进行过程中，可以聘请一些成功的企业家、创业者为大学生进行项目讲解，经过他们的讲述，大学生可以对项目有更加深入的了解，也能够从中汲取一些经验和教训。同时，也可以聘请一些创业成功人士作为大学生项目负责人，让他们来带领大学生进行实践和创业，并在具体的实践过程中引导大学生不断创新、不断探索。

第三，要借助企业导师力量，加强对大学生的职业规划教育和创新创业教育。企业导师往往具备丰富的工作经验，对市场变化、经济发展状况以及行业动态等有更加深刻的认识，能够为大学生提供更加专业的职业规划教育和创新创业教育，在对大学生进行职业规划教育和创新创业教育的过程中，可以给大学生以启发，进而推动大学生创新创业项目的开展。

第四，要组建专业团队，提供有力保障。专业指导团队是整个创新创业活动顺利开展的保障和支撑。学校应该将教师队伍建设摆在首位。一是要建立一支专兼结合、结构合理、数量充足、素质优良的教师队伍，要鼓励和支持具有创新创业教育经验的教师从事教学和科研工作；二是要建立一支既懂理论又懂实践的教师队伍，指导大学生开展各类创新创业竞赛活动；三是要建立一支由辅导员、专业教师、企业家、校友等组成的指导团队，共同为大学生提供有效服务。

4.2.1.5 注重项目孵化，实现成果转化

随着国家创新创业政策的不断完善，创新创业类项目越来越受到高校的重视。在创新创业项目的实施过程中，很多创新创业类项目都是有想法、有创意的，但是由于缺乏资金和专业人才，很难将这些想法和创意变成现实。因此，为了促进大学生创新创业项目的顺利实施，要注重对大学

生创新创业项目进行孵化。在项目孵化过程中要注重加强对项目的指导和扶持，让大学生充分发挥自己的聪明才智和专业特长，将创新创业类项目最终孵化为成熟的、有市场价值的项目，从而实现项目成果的转化。目前，高校要加强对大学生创新创业类项目的孵化，可以从以下两个方面入手：

①建立科技成果转化机制。科技成果转化机制是指高校将自己的科技成果及时转化，以获得经济效益和社会效益，是高校和企业合作的桥梁。而科技成果转化机制的建立是促进高校科技成果向现实生产力转化的基础，因此高校要重视建立科技成果转化机制，为大学生创新创业类项目提供良好的平台。在这个过程中，高校要注重发挥科研院所、行业协会、企业等科研单位的作用，构建"产学研"结合、"校企"共建合作模式，促进科技成果转化。

②定期举办项目成果发布会。定期举办项目成果发布会，发布项目研发的最新成果和取得的成绩，让更多的人了解项目，提高创新创业类项目的知名度和影响力。同时，在项目成果发布会上也可以邀请部分大学生、创业导师、校友等参加，让他们了解创新创业类项目的现状，为今后大学生创新创业类项目的开展提供宝贵的意见。

4.2.2 打造专业特性下的多层次教学体系

中国高等教育的快速发展和信息技术的飞速发展，使我国高等教育正经历着前所未有的变革与发展。面对新形势，高校要主动适应新变化，积极构建有利于创新创业人才培养的机制和环境，逐步形成专业教育与创新创业教育有机融合、相互促进、协调发展的教学体系。专业教育和创新创业教育都是在高等教育教学体系中培养人才的两个主要途径。在经济新常态下，高校需要注重加强专业教育与创新创业教育的融合发展，形成一种全方位、多层次的创新创业教学体系，并以此为抓手，不断提高人才培养质量，从而在高等教育领域形成一种新的教学理念、教学方法和教学模式，进一步促进人才培养模式改革和创新。

4.2.2.1 打造以培养专业特性为核心的课程体系

创新创业教育是在专业教育基础上，融合创新思维、创业意识、创业技能等内容，对大学生的专业知识、专业技能进行提升，促进大学生创新创业能力培养的一种教育教学活动。目前，我国高等教育人才培养体系主要以专业为主体，在此基础上融合创新创业教育，这是高等教育与经济社会发展和科技进步相适应的必然趋势。从教学体系看，目前我国高校的课程设置仍以专业为主，形成了"基础课程+专业课程+拓展课程"的课程体系结构。这种课程体系在一定程度上能够满足高校对人才培养的要求，但是在很大程度上忽视了大学生创新创业能力和综合素质的培养。从实践效果看，这种课程体系导致大学生缺乏创新意识和创新精神。在经济新常态下，高校需要打造以培养专业特性为核心的课程体系，这也是高校推进创新创业教育的内在要求。

高校要注重构建以培养专业特性为核心的课程体系，从不同层面、不同角度去认识和把握高校创新创业教育与专业教育之间的关系。在教学实践中，要注重将"创新"和"创业"融入各个学科、各个专业领域中，强化对大学生创新精神、创业意识和能力的培养。在专业教育中注重对大学生开展与所学专业相关领域的研究活动，激发大学生对所学专业领域的兴趣和爱好，提高大学生的学习积极性；在创新创业教育中注重培养大学生解决实际问题的能力和团队协作精神等方面内容，使大学生掌握现代创业所必需的各种知识和技能，使其能够适应社会发展需要。

在当前高等教育教学改革中，高校应将培养创新精神与创业能力作为人才培养目标之一。高校要依据自身办学定位、专业特色、学科优势等情况，系统优化人才培养方案、课程体系、教学内容和教学方法等。在课程设置上，要避免出现课程设置缺乏专业特色和课程内容缺乏创新意识的现象。在对高校专业进行评估时，不能以社会需求为导向进行评估，而应以培养专业特色为导向进行评估。在教育教学中要突出专业特色和优势，充分利用各种资源打造以培养专业特性为核心的课程体系。同时，还要根据社会经济发展的新形势和科学技术进步的新要求、社会对人才需求的新变化以及现代教育理念和思想观念等方面,在课程设置上不断调整和优化。

总之,创新创业教育体系应以专业特性为依据,不断优化课程设置,提高课程质量,从而推动高校人才培养模式的改革。

4.2.2.2 构建以培养创新精神为目标的创新创业实践教学平台

在传统的教育观念中,学生是学习的主体,教师是知识的传授者。在传统教学中,教师将知识和技能传递给学生,学生只是被动地接受,而忽视了学生的主动性。而在创新创业教育中,只有引导和鼓励大学生参与到创新创业教育中来,才能激发和培养大学生的创新精神。高校要以培养大学生创新精神为目标,构建创新创业实践教学平台;还要以大学生创业基地为平台,建立实践教学体系和课程体系。这一教学体系需要将大学生创业实践与专业教育相结合,依托大学生创业基地和大学生创新创业中心等载体,搭建以培养大学生创新精神为目标的创新创业实践平台,鼓励大学生积极参加各种竞赛活动以及社会公益活动,努力提高大学生的创新精神和创业能力。

①建立完善的创新创业教学课程体系。高校的创新创业教育要从课堂延伸到课堂外,包括理论教学、实践教学、网络教学、第二课堂等方面。高校的创新创业教育需要在科学系统地总结以往经验和教训的基础上,进一步优化创新创业教育的课程体系。高校可以结合自身的专业特色,开设创新创业相关课程,培养大学生创新创业意识,提高大学生的创新精神和实践能力。同时,高校还可以依托大学生创新创业中心和大学生创业基地等平台,构建具有专业特色的创新创业实践课程体系。这一课程体系需要包括"专业知识基础课程""专业实践课程"和"专业发展方向课程"三个方面。专业知识基础课程主要包括专业理论知识和实践技能课程,专业实践课程主要包括科技创新、产品研发、创业计划书撰写、模拟演练等,专业发展方向课程主要包括产品市场调查、营销策划等。通过这一教学体系的构建,大学生不仅可以提升自身的创新精神和实践能力,还可以将所学知识应用到实践中去,提高自身的综合素质。

②搭建创新创业实践基地。高校要为大学生搭建创新创业实践平台,

这就需要建立创新创业教育实验基地。创新创业教育实验基地的建设是以培养大学生创新精神为目标的，可以有效地激发大学生的创新思维和实践能力。要将高校的创新创业教育与专业教育相结合，建立多层次、多形式的大学生创新创业实践基地。在搭建大学生创新创业实践基地时，要将创业项目与专业教学内容相结合，激发大学生的创业热情，提高大学生的动手能力和创新能力。例如，在"互联网+"背景下，电子商务专业就可以通过搭建校园网络营销平台、社区电子商务平台、微商平台、互联网金融平台等，来提高大学生的专业知识水平和实践能力。在搭建了创新创业实践基地之后，要定期举办大学生创新创业论坛，邀请本领域专家学者或者知名企业家来高校开展讲座活动，以此来激发大学生的学习兴趣，培养大学生的科研能力和创新精神。此外，还可以开展各种竞赛活动，组织大学生参加各类创新创业竞赛活动。在这些竞赛活动中，不仅可以提高大学生的专业知识水平和实践能力，还可以激发大学生的专业兴趣和科研热情。

4.2.2.3 构建以激发创新思维为重点的专业竞赛体系

专业竞赛是专业教育和创新创业教育的重要组成部分，是激发大学生学习兴趣，培养大学生创新思维和实践能力的重要途径。一方面，专业竞赛能够激发大学生对本专业的学习兴趣和热情，培养他们的学习动力，引导他们积极主动地参加专业教学活动；另一方面，专业竞赛能够让大学生发现自己的不足和缺陷，从而提高其分析问题、解决问题的能力。在专业竞赛中，需要处理好"学科"与"竞赛"之间的关系。"学科"指的是某个特定的领域，如土木工程类、机械类、建筑类等；而"竞赛"则是指某个特定领域中由高校或社会团体组织的比赛。目前，我国高校中专业竞赛主要有两种形式：一是学科竞赛；二是专业竞赛。在专业竞赛中，高校可以通过以下方式激发大学生的创新创业思维。

第一，以培养大学生创新创业能力为目标，构建大学生创新创业能力培养体系。在现有专业人才培养方案基础上，增设创新创业能力培养课程，将创新创业能力培养融入人才培养全过程，作为专业人才培养方案的重要组成部分。加强与专业建设、学科竞赛、社会实践、科研活动的紧密结合，将创新创业意识、创新创业能力融入教学内容和课程体系；将创新创业课程的考核成绩纳入大学生综合素质评价体系，并作为大学生毕业设计或论文答辩的重要依据，不断更新培养大学生创新创业能力的目标，不断完善大学生创新创业能力培养体系。

第二，构建"分层递进、多方协同"的专业竞赛机制，在专业竞赛中加强对大学生创新创业精神、创新创业能力的培养，激发大学生创新创业意识和热情。充分利用学科竞赛、专业竞赛、科技创新活动等平台，将大学生参加专业竞赛活动纳入日常教学管理体系中，建立健全大学生专业竞赛机制，并制定"分层递进、多方协同"的机制，明确不同类型专业竞赛的组织机构，形成由学校、学院、专业教师、学生和校外指导教师组成的多级竞赛组织体系。

第三，建立"学校主导、学院主责、教师主用"的专业竞赛组织模式。学校通过制定专业竞赛方案、成立专业竞赛指导委员会等方式，统一协调组织安排专业竞赛活动，并组织相关职能部门，如教务处、科研处、学生处、后勤保障部等，负责竞赛活动的策划和组织。学院组织相关专业教师负责具体的实施和落实，负责对参赛大学生进行分组指导和培训。同时，学校应鼓励邀请校外专家指导大学生参加各类专业竞赛，充分发挥校外专家在专业竞赛中的指导作用，并进一步强化学校各学院对专业竞赛活动的组织、宣传和协调力度，使专业竞赛活动真正成为培养大学生创新创业能力的重要途径。

第四，加大竞赛经费投入，保障专业竞赛活动顺利开展。在专业竞赛中，学校应加大资金投入，为大学生参加专业竞赛提供资金支持，以保障专业竞赛活动顺利开展。学校应该建立大学生专业竞赛经费保障制度，明确各学院对专业竞赛经费的申请、使用、管理和监督责任。同时，还应加大对专业竞赛活动的宣传力度，通过举办各类宣传活动，增强广大师生参加专业竞赛的意识。

高校是培养创新人才的重要场所，而创新创业教育则是高校人才培养质量的重要标志。在经济新常态下，我国高等教育正经历着前所未有的变革和发展，高校应不断更新教育理念，创新教育模式，提升人才培养质量。专业教育与创新创业教育相融合是高等教育的必然选择,也是社会经济发展的迫切需要。高校应积极构建全方位、多层次的创新创业教学体系,从多方面入手,以打造专业特性下的多层次创新创业教学体系为抓手,不断提高人才培养质量。

4.2.3 进一步优化创新创业的能力考评机制

大学生创新创业能力是大学生通过学习和实践活动,在知识、能力和素质方面不断积累并转化为可用于创造社会价值的创新能力。大学生创新创业能力评价是检验大学生学习效果、检验学校教育教学质量、检验国家创新驱动发展战略实施成效的重要标准,也是促进大学生综合素质发展、激励大学生成长成才的重要手段。当前,我国高校创业教育正处于蓬勃发展的阶段,但大学生创业实践过程中仍存在重结果轻过程等问题。对此,高校应从人才培养方案的制定和课程体系的设置等方面着手,进一步优化创新创业能力考评机制,引导大学生以提升能力为出发点,通过持续深化实践和项目锻炼,实现自身素质、专业技能和创业素养的同步提升。

4.2.3.1 创新创业能力方面的考评机制

通过创新创业教育,使大学生在专业理论知识与实践应用相结合的过程中,不断增强自身的创新思维和创业意识,培养其创新创业精神和创业实践能力,形成良好的创新创业意识和创业精神,从而促进其全面发展。在实际教学中,高校应积极探索基于项目的应用型人才培养模式,以项目为载体,将创新创业能力培养融入专业理论知识学习中,并以学生为主体组织开展各项实践活动。与此同时,在对大学生创新创业能力进行考评时,应将过程性评价与结果性评价相结合,并通过教师和学生之间的交流互动、成果展示、学生自我反思等途径实现评价方式的多元化。此外,高校应构建合理、科学、高效的创新创业能力考评体系,进一步完善相关规章制度和组织机构建设。例如,建立创新创业能力培养体系,成立专业的创新创业能力考核小组,建立创新创业项目激励机制等,从而逐步形成完善的大学生创新创业能力培养体系。另外,还应注重发挥大学生自我评价、学生互评和教师评价的作用，通过对大学生创新创业能力进行全面、客观的考评，进一步提高大学生创新创业能力。

4.2.3.2 实践能力方面的考评机制

大学生创新创业能力评价的重点是在实践中提升能力，只有通过实践才能检验知识和能力的掌握程度，也才能在实践中真正做到学以致用，因此评价大学生创新创业能力的过程应该是一个大学生主动参与、不断成长的过程。作为大学生创新创业能力评价体系的重要组成部分，实践能力考评应以大学生为主体，注重过程评价。具体而言，可以从以下两个方面开展实践能力考评：

第一，根据课程体系设置情况和教学改革方案的实施情况，对大学生参加创新创业类实践活动、社会调研、大学生创业团队等所获得的学分进行认定。在此基础上，结合大学生的专业特长、兴趣爱好等，建立大学生创新创业学分积累制度。大学生在创新创业项目实施过程中所获得的知识、技能和经验等成果将以学分形式记录在个人档案中。通过大学生的学习和实践情况记录，可直观地反映出大学生创新创业能力的发展情况。综合这些结果，对大学生实践能力进行综合的考评，直观地反映出大学生的优缺点，并加以优化和改进。

第二，将创新创业项目完成情况纳入高校人才培养方案中。目前，大多数高校都设有创新创业类实践课程。这些课程主要通过在理论知识学习基础上组织大学生参加各种形式的活动和比赛来增强大学生的实践能力和创新意识。对此，高校可结合专业特点和大学生兴趣爱好等情况，将课程教学内容与大学生参与各类创新创业活动、项目结合起来。通过建立完善的人才培养方案和课程体系，并将这些课程考核结果作为认定创新创业能力的重要依据，不断丰富大学生对课程知识的理解和认知，促进大学生创新思维、创新意识和实践能力的不断提升。

此外，学校还可以通过组织大学生参加全国大学生"互联网+"大赛、"挑战杯"等一系列高层次大赛来检验大学生的创新创业能力。对此，高校可以通过专业教学团队组织大学生参加比赛、组织专家进行评审等方式，对参赛作品进行指导和评价。

4.2.3.3 综合能力方面的考评机制

高校应从人才培养方案和课程体系等方面着手，从优化综合能力方面的考评机制入手，引导大学生通过持续深化实践和项目锻炼，实现自身素质、专业技能和创业素养的同步提升。

第一，要充分发挥校园文化的引领作用，持续优化校园文化建设。高校可通过举办校园文化节、创业论坛、创业讲座等形式，搭建大学生交流平台，组织开展各类创新创业比赛等活动，引导大学生在日常学习生活中关注实践、分享体验、总结反思，并将所学所获所思转化为个人的内在素质和能力，从而将自身素质提升与实践锻炼紧密结合。

第二，要充分发挥创业教育的导向作用，有效引导大学生积极参与创业实践。高校应重视创业教育课程体系的建设与完善，在教学中突出理论与实践的结合，切实激发大学生的创新精神和创业意识。如在专业课程教学过程中注重实践内容的讲授和实验环节的开展；在课程考核中设置创新创业内容和形式要求，引导大学生积极参与创新创业实践活动。高校可采取建立"双师双能型"教师队伍、实施"名师工程"等措施，进一步加强师资队伍建设。同时，还应积极开展导师培训工作，通过举办专题讲座、案例分析等形式丰富教师培训内容。此外，高校应引导教师注重发挥自身特长与优势，为大学生提供个性化的指导与服务。例如，鼓励和引导教师开展科研项目、研发成果、专利申请等工作，鼓励和引导教师积极参与大学生创业项目指导工作，鼓励和引导教师主动参与大学生创新创业大赛等活动。

在大学生综合能力考评方面，应注重大学生参与社会实践活动的广度和深度。高校应结合学校实际情况和专业特点，制订详细的实践教学计划并实施。例如，通过"调研与实训""企业见习"等形式积极开展各类社会实践活动，通过组织大学生参加各类大学生创新创业竞赛活动等形式促进大学生综合素质的全面发展。同时，高校还应加强与企业合作，将课堂教学与实践教学有机结合起来。例如，以企业需求为导向开展人才培养方案制定、课程设计、科研训练等工作，以企业项目为载体组织大学生参与大学生创新创业训练计划、大学生科技创新大赛等活动。在此过程中，高校应注意将大学生的日常表现纳入考评体系，如通过学校各类人才培养方案及课程设置、师资队伍建设、就业指导和服务工作、创新创业训练计划等方面对大学生的表现进行全面考察。

当前，大学生创新创业能力考评机制还存在考核内容单一、考核形式不够科学等问题，需进一步优化。要构建以能力为导向的大学生创新创业能力评价体系，通过教学质量监控、学生课程考试、实践项目实训等多维度对大学生创新创业能力进行综合评价。同时，要增强对大学生创新创业实践的指导，进一步提升其在实践中学习和成长的能力。

基于创新创业能力的重要性，要充分发挥大学生在创新创业过程中的主体作用，让其参与到课程教学、科研项目、课外实践和社会服务等活动中来，提升其综合素质和核心竞争力。一方面，要充分发挥政府的政策引导作用，强化对大学生创新创业教育工作的引导，制定具体政策措施，加大对大学生创新创业能力建设工作的资金扶持力度。另一方面，要充分发挥社会组织在大学生创新创业能力评价中的作用，完善相关法律法规制度，加强对社会组织开展大学生创新创业能力考评工作的规范和指导，引导社会力量积极参与到大学生创新创业能力考评工作中，形成合力推进高校创新创业教育发展。

4.3 大学生创新创业能力的实践探索

在知识经济的时代背景下，大学生创新创业能力的培养成为高等教育的重要目标。本节将深入探讨实践教学在这一过程中所扮演的关键角色，以及如何通过多元化的实践平台、项目实施、竞赛活动、案例分析、模拟实践、孵化器支持、师生互动、跨学科协作、创业心态培养和评估反馈，系统性地提升大学生的创新创业能力。

4.3.1 创新与创业：大学生的未来竞争力培养

在当今这个知识经济时代，创新创业已不再仅是少数人的专利，而是推动社会进步的显著动力。随着科技的飞速发展和全球竞争的加剧，创新成为国家竞争力的核心要素，而具备创新精神和创业能力的大学生被寄予了厚望，他们是未来创新浪潮的引领者，是国家创新体系的重要组成部分。因此，培养大学生的创新创业能力，不仅关乎个人职业发展，更关乎国家的长远战略和全球竞争力的提升。

面对复杂多变的现实世界，大学生需要的不再仅仅是课堂上的理论知识，而是能够将所学应用到实际问题解决中，创新思维和创业技能变得至关重要。创新创业教育不再被视为边缘化的附加课程，而是教育体系中不可或缺的核心部分。它旨在培养大学生的创新精神、创业意识和实践能力，使他们能够在快速变化的环境中灵活应对，敢于挑战未知，勇往直前。

我们将借鉴国内外的成功经验，分析不同培养策略的实施效果，以及在实际操作中可能遇到的挑战和解决之道。通过理论与实践的结合，我们将揭示如何构建一个支持创业的生态系统，从而激发大学生的创新潜力，帮助他们转化为具有市场价值的产品或服务。

创新是改变世界的引擎，而创业是将创新转化为社会价值的过程。《实践探索：大学生创新创业能力的全方位培养》将引领读者走进这个激动人心的领域，揭示在教育体系中如何通过实践来培养大学生的创新思维和创业技能，以应对未来的挑战，塑造一个更加繁荣、有活力的社会。我们将逐一剖析这些关键环节，为政策制定者、教育工作者以及有志于创新创业的大学生提供宝贵的参考。让我们一同踏上这段探索之旅，见证创新与创业如何在大学生的成长道路上绽放光芒。

4.3.2 实践教学：理论与实践的融合

实践教学是创新创业教育中不可或缺的环节，它不仅能够巩固大学生课堂上学到的理论知识，更能在实际操作中培养他们的创新能力、问题解决能力和团队协作能力。在《实践探索：大学生创新创业能力的全方位培养》中，我们认识到，理论教育虽重要，但若不能与实践相结合，其效果往往大打折扣。因此，实践教学是理论与实践的桥梁，是将知识转化为能力的关键途径。

实践教学能够帮助大学生在项目中将理论知识应用于实际问题解决。例如，在开展创新项目时，大学生需要运用管理学、市场营销、技术原理等多学科知识来设计产品或服务。通过具体项目的实施，他们能真切感受到理论知识在实际中的应用，从而增强对理论的理解和记忆。例如，在斯坦福大学的创业实验室中，大学生们在导师指导下，将所学的商业模型和市场策略直接运用到初创企业的创立中，这样的经历让他们对课堂知识有了深刻的认识。

实践教学通过任务驱动的方式，让大学生在挑战中学习成长。遇到项目难题时，学生需要创新思维来寻找解决方案，这不仅能够锻炼他们的创新能力，也培养了他们解决问题的能力。例如，大学生在设计一款环保产品时，可能需要解决材料选择、成本控制、市场定位等多个问题，这样的过程促使他们从多角度思考问题，提高解决问题的效率。

实践教学还能培养大学生的团队协作能力。在创新创业项目中，团队成员需要分工合作，共同解决问题。通过与不同背景的同学合作，大学生能学会如何沟通、协调，以达成团队目标，这在未来的创业或职场生涯中都至关重要。比如，在"互联网+"大学生创新创业大赛中，参赛团队需要整合各自的专业知识，共同规划项目，这无疑是对他们协作能力的锻炼。

为了实现理论与实践的有效融合，高校可以采取多种策略。一方面，设置以问题为导向的课程，让大学生在课程中解决实际问题，如通过设计思维课程，引导大学生解决社会实际挑战。另一方面，引入真实的创业项目作为教学内容，让大学生在导师的指导下，参与企业的产品研发、市场推广等环节，从而理解理论在实际中的应用。

同时，高校应加强与企业、政府、社会组织的紧密合作，共同打造校内外实践平台。比如，通过与企业共建实验室、实习基地，提供实习机会,让大学生在真实的工作环境中提升技能。另外,也可以组织大学生参观创新企业,让他们了解成功企业的运作模式,增强创业信心。

在实践教学中,教师的角色也至关重要。教师不仅是知识的传递者,更是大学生创新创业旅程的引导者。他们需要提供及时的指导、反馈和资源链接,帮助大学生在遇到困难时找到前进的方向。例如,教师可以邀请业界专家进行讲座,分享创业经验,或者指导大学生撰写商业计划书,进行模拟路演,提前为实际创业做准备。

实践教学是培养大学生创新创业能力的重要手段,它通过将理论知识与实际操作相结合,使大学生在解决实际问题中提升创新思维和实践技能。通过构建多元化的实践环境,提供丰富的实践机会,以及教师的引导和支持,高校能够有效推动大学生创新创业能力的培养,为社会的发展注入源源不断的创新力量。

4.3.3 校内外实践平台的构建与应用

在培养大学生创新创业能力的过程中,校内外实践平台的构建与应用是至关重要的环节。这些平台不仅为大学生提供了将所学知识付诸实践的场所,还为他们搭建了与业界交流、合作的桥梁,帮助他们积累实践经验,提升创业能力。

高校应当积极与企业、政府、研究机构和非政府组织等多方合作,共同创建多样化的实践平台。例如,高校可以与企业共建创新实验室,让大学生在导师的指导下参与实际的产品开发或技术研究,亲身体验创新过程。这种模式不仅能让大学生在真实的商业环境中学习,还能为企业提供新鲜的创新思维和人力资源。同时,高校还可以设立创业园区或孵化器,为大学生提供创业空间和必要的资源支持,如办公场地、法务咨询、投资对接等,帮助大学生将创业想法转化为实际项目。

与政府合作的实践平台则可能包括创新创业政策解读、项目申报训练等,帮助大学生了解政策环境,把握市场机遇。此外,高校还可以与社区、协会等非政府组织合作,组织大学生参与社区创新项目,这不仅能够锻炼大学生的社会适应能力,还能提升他们的社会责任感。

在实践平台的运营中,高校应当注重与企业紧密合作,定期举办企业家讲座,邀请行业专家分享实战经验,让大学生有机会直接交流,从而了解行业动态,提升商业敏感度。同时,举办创新创业大赛,如"互联网+"大学生创新创业大赛,不仅能激发大学生的创新热情,也能通过比赛锻炼他们撰写商业计划书、进行路演的能力,这些都是创业过程中必不可少的技能。

另一个有效的手段是利用模拟实践和案例分析。通过模拟创业环境,大学生可以在相对安全的环境中尝试决策、遭遇挫折,学习如何在压力下作出决策,从而降低实际创业的风险。同时,分析成功的创业案例,可以让大学生从中汲取经验教训,理解创业过程中的关键要素,如市场定位、团队建设、风险管理等。

在实践平台的构建中,教师的角色不可或缺。他们不仅是学生理论学习的引导者,也是学生在实践过程中遇到困难时的咨询者。通过导师制度,教师可以为每个学生提供个性化的指导,帮助他们解决项目实施中遇到的问题,培养他们的解决复杂问题的能力。

跨学科的实践项目也是一个强大的工具,通过不同专业背景的大学生共同合作,能够促进知识的交融,产生新颖的创新解决方案。跨学科团队不仅能够提升大学生的团队协作能力,还能培养他们理解和融合不同领域知识的能力,这对于创新至关重要。

构建有效的评估与反馈机制是确保实践平台效果的关键。学校应当设立基于标准的评估(Criteria-based Assessment)和形成性评估(Formative Assessment),以监测大学生在实践过程中的学习进步,同时通过定期的反馈会议,让学生了解自身在创新创业能力上的长处和短板,以便及时调整学习策略。

校内外实践平台的构建与应用是大学生创新创业能力培养的重要途径,它通过提供丰富的实践机会,让大学生在实践中学习、成长,从而培养他们的创新思维、创业技能和团队协作精神。通过与业界的紧密合作,高校能够让大学生在真实的商业环境中获得宝贵的经验,为他们未来的创业之路打下坚实的基础。

4.3.4 创新创业项目实践与竞赛

创新创业项目实践是大学生创新创业能力培养的重要环节，它让大学生有机会将所学知识应用于实际情景，锻炼解决实际问题的能力。通过参与真实的商业项目，大学生能够学习如何将创新思维转化为产品或服务，同时在项目实施过程中，他们必须面对各种挑战，如市场定位、资源管理、团队协调等，这些挑战既是对他们能力的考验，也是能力提升的契机。

大学生可以参与学校与企业合作的项目，如研发新型节能设备、设计移动应用，或者参与大学生创新创业竞赛的项目，如"互联网+"大赛中的各种项目。在这些项目中，大学生不仅要完成理论研究，还需要进行市场调研，设计商业模式，甚至进行初步的产品原型开发。他们要跨越从创意到产品的壁垒，将知识转化为实际价值。

在项目实施过程中，大学生常常会遇到资源限制、技术难题、市场接受度等问题。面对这些挑战，他们需要运用批判性思维来解决问题，学会如何在不确定性中做出决策，培养风险承担和问题解决能力。同时，项目管理技巧、团队协作能力和沟通能力也得到了锻炼，这些都是创业成功必不可少的素质。

竞赛不仅提供了实践平台，还通过竞争激发了大学生的创新思维。例如，"挑战杯"创业计划竞赛要求大学生提交完整的商业计划，这迫使他们深入思考创新项目的各个方面，包括市场需求、竞争分析、营销策略等。在竞赛准备过程中，大学生需要不断优化方案，以适应评委的期待和市场的变化，这种迭代过程有助于他们形成敏锐的市场洞察力和创新能力。

竞赛往往还伴随着丰富的资源支持，如专家评审、导师指导、商业培训等，这些都是大学生在创业过程中宝贵的学习资源。通过竞赛，大学生不仅能够得到专业的反馈，还可以与业内专家交流，拓展人脉，甚至赢得投资，为项目的后续发展铺平道路。

竞赛还能培养大学生的抗压能力。在面对严格的评审标准和时间限制时，他们必须学会在压力下保持冷静，高效工作。这种经历对于未来的创业生涯来说是难得的锻炼，因为在真实的创业环境中，压力和不确定性始终存在。

通过创新创业项目实践和竞赛，大学生能够实际地体验创业过程，从实践中学习，从失败中成长。这些经历不仅提升了他们的实践能力，也塑造了他们面对挑战时坚韧不拔的精神。随着他们对创新创业有了更深入的理解，他们将更有信心地走向未来，创造属于自己的商业帝国。

4.3.5 案例分析、模拟实践与资源支持

在大学生创新创业能力的培养中，案例分析和模拟实践是不可或缺的环节，它们通过提供安全的环境和丰富的学习资源，帮助大学生在无风险的条件下了解创业的全貌，学习关键的商业策略，积累宝贵的实践经验。同时，创业孵化器和加速器作为重要的资源支持平台，为大学生提供了从创意到商业实体的全方位支持。

案例分析是一种有力的教育工具，它让大学生有机会深入研究成功的创业案例，理解创业者如何识别机会、制定策略、应对挑战。通过剖析这些案例，大学生可以学习到如何进行市场分析、产品定位、团队建设以及风险管理等核心技能。例如，分析爱彼迎（Airbnb）如何从一个简单的在线住宿平台发展成为全球住宿分享巨头，大学生可以学习到如何利用创新的商业模式解决实际问题，以及在市场扩张中如何应对法律和监管挑战。这种方法不仅可以激发大学生的创新思维，还能让他们了解创业过程中可能遇到的真实问题和解决方案。

模拟实践则是另一种有效的实践教学方法，它让大学生在模拟的商业环境中尝试创业。通过参加创业模拟比赛，或者使用专门的创业模拟软件，大学生可以亲自运营一个虚拟企业，经历从产品开发到营销推广的全过程。模拟实践可以帮助大学生在实际投资和承担风险之前，先预演创业决策，了解不同策略可能带来的结果。例如，在"创业沙箱"中，大学生可以尝试不同的定价策略，调整市场份额，学习如何在竞争激烈的市场中生存下来。这样的实践有助于大学生在了解创业风险的同时，提升他们的

决策能力和解决问题的能力。

创业孵化器和加速器作为创新创业的摇篮,为大学生提供了宝贵的资源支持。它们通常提供办公空间、导师指导、培训课程、资金链接等服务,帮助大学生将创业想法转化为实际的商业项目。比如,斯坦福大学的 StartX 孵化器,不仅为初创企业提供了办公设施,还提供了导师网络,使大学生能够直接与经验丰富的创业者和投资者交流,获取宝贵的建议。孵化器和加速器的网络效应也有助于大学生建立强大的人脉,这对于创业成功至关重要。

这些平台通常也会定期组织活动,如创业工作坊、讲座和研讨会,邀请业内专家分享经验,帮助大学生理解行业的最新动态。通过这些活动,大学生可以了解到最新的市场趋势,学习如何制定适应变化的商业策略,从而提高创业成功的可能性。

资源支持还包括提供法律、财务、市场营销等方面的专业知识,帮助创业者解决在创业过程中可能遇到的复杂问题。这不仅减轻了大学生在创业初期的压力,也为他们提供了在专业指导下成长的机会。

在案例分析、模拟实践和资源支持的共同作用下,大学生能够更深入地理解创业的复杂性和挑战,同时在安全的环境中锻炼和提高他们的创业技能。这些实践经验为他们今后在真实市场环境中成功创业打下了坚实的基础,有助于他们在创业之旅中避开潜在的陷阱,把握住机遇,实现从想法到商业成功的跨越。

总体来说,大学生创新创业能力的培养是一个融合理论与实践、跨越学科边界的复杂过程。通过构建多元化的实践体系,不仅能让大学生将所学知识转化为实际能力,还能激发他们的创新思维,培养出具备创业精神的未来领导者。教育机构、企业以及社会各方的紧密合作,对于营造一个支持创新和创业的生态环境至关重要。在这样的环境中,我们期待越来越多的大学生能实现从想法到行动、从创新到创业的跨越,为社会的持续发展注入源源不断的活力。

5 大学生创新创业能力的评价机制

5.1 现行大学生创新创业能力的主要评价维度

5.1.1 基本能力

大学生创新创业的基本能力是指可以衡量大学生的创新创业能力的基本因素,包括创意能力、团队协作能力、创新思维能力、市场营销能力、项目管理能力和风险管理能力等维度。以下对这几个维度逐一进行评价。

5.1.1.1 创意能力

创意能力是大学生创新创业中最为基本的能力之一。创意能力是指创业者发掘和构思新的创新项目的能力。因此,创意能力包括创意产生的灵感、创意的实现、产品设计以及对市场需求的判断等多个方面。具有丰富的想象力、创造力,并且可以将其转换成创新项目的能力,可以充分反映创业者的创造力。评估创意能力最主要的途径是通过创业者的头脑风暴和创业计划等创意性管理行为进行。

5.1.1.2 团队协作能力

团队协作能力是创新创业中不可或缺的能力之一。作为创业者,一个人的能力毕竟有限,而需要团队的力量来实现更大的目标。因此,团队协作能力可以看作是创业者与团队成员之间合作协调的能力。在创业的过程中,创业者需要与创业团队其他成员紧密合作、互相支持,具备团队精神和相互协作的能力。评估团队协作能力最主要的途径是通过团队参与创业项目的过程和计划、实施和管理中的组织行为。

5.1.1.3 创新思维能力

创新思维能力是衡量创业者创新创业能力重要的维度之一。创新思维能力是指创业者在处理业务问题时，能够用创新的思维模式去找到更好的解决方案的能力。创业者需要具备洞察发现问题的能力、批判性思维能力等，并具备主动学习和自主探究的精神。评估创新思维能力的主要途径是通过创业者在创业过程中的问题解决方式、创造性和改造性等方面进行。

5.1.1.4 市场营销能力

市场营销能力是指创业者在市场营销活动过程中所涉及的技能和能力，包括定位市场需求、制订营销计划等。市场营销能力与历史数据、市场趋势有关，可以帮助创业者洞察市场需求并制订行动计划。市场营销能力评估的主要途径是通过创业者在市场营销活动中所表现出来的技能和能力进行。

5.1.1.5 项目管理能力

项目管理能力是衡量创业者创新创业能力的一个重要维度。在创新创业的过程中，创业者需要管理并领导各种各样的项目。在这种情况下，创业者需要具备项目管理、组织方法和表达技能等方面的能力。具备项目管理能力的创业者可以有效地将业务发展计划转换为真正的创新项目，同时具备大量的协调管理能力。项目管理能力评估的主要途径是通过创业者的项目管理技巧和管理方法方面进行。

5.1.1.6 风险管理能力

在创新创业的过程中，创业者必然会遇到各种意想不到的情况和困难，因此创业者需要具备识别、监测并应对风险的能力。创业者不仅需要学会行业和市场知识，也需要深入理解和分析市场及行业所涉及的风险和变化。风险管理能力评估的主要途径是通过创业者在危机处理方面所表现出来的能力进行评估。

综上所述，评价创业者创新创业能力最基本的能力评价维度包括：创意能力、团队协作能力、创新思维能力、市场营销能力、项目管理能力和风险管理能力等方面。以此能力评价维度的总体质量，来衡量大学生创新创业能力的综合水平。这些因素的发展和改善对于提高创业成功率、降低创业风险具有非常重要的作用。

5.1.2 运作能力

运作能力是指大学生在创新创业活动中整个过程的运作效率和效果，包括项目选择、资源整合、管理方式、协调沟通等多个方面。以下对这几个维度逐一进行评价。

5.1.2.1 项目选择能力

项目选择能力是大学生在创新创业中选择适合自己、具有市场前景的项目的能力。这要求创业者能够较为准确地把握市场需求，了解市场变化并因势利导，挖掘自身背景和特长，从而找到一个合适的创新项目。同时，还需参考市场状况、资源整合、人员配备等多个方面来进行判断和选择。项目选择能力评估的途径包括面试、商业计划书和评估小组等。

5.1.2.2 资源整合能力

资源整合能力是指创业者在创新创业过程中，利用自身及外部资源组织、提高创新创业活动的能力。例如，融资、人员规模、技术水平、市场营销等多个方面。创业者可以通过人际交往、对状况的认知和应变等手段，将社会各领域的资源与创业实践紧密地结合在一起，形成一个有积极影响的整体。评估资源整合能力的途径有利用案例进行分析、创业计划书、团队评估等。

5.1.2.3 管理方式能力

管理方式能力是指大学生创新创业中使用不同方式进行管理的能力，包括时间、人员、预算、营销和安全等多个方面。创业者需要对一种或多种管理方式进行掌控和有效的运作，使其有效地实现创业目标，确保创新创业项目的进展。评估管理方式能力的途径包括项目管理软件、参考其他成功的创业经验、评估小组等。

5.1.2.4 协调沟通能力

协调沟通能力是指大学生能够通过合理的沟通、组织和协调，达到协作的正面效果的能力。创业者需要与投资者、合作伙伴、员工、顾客、政府等不同的利益相关方进行紧密的协调和交流，以确保创业项目得以顺利进行。评估协调沟通能力的途径包括有效听取、共同决策、沟通跟踪和危机应对等方面。

综上所述，运作能力评价维度包括项目选择能力、资源整合能力、管理方式能力和协调沟通能力等方面。运作能力对整个创业过程的运作效率和最终结果会产生巨大的影响，这意味着只有准确地评估大学生的运作能力才能有效地了解其创新创业水平的全貌，并提供更好的指导和支持。因此，大学生创新创业运作能力评价，对于提高创新创业成功率、抵制创业失败的风险具有非常关键的作用。

5.1.3 创新能力

创新能力是指大学生在创新创业中解决问题、寻找新的商业机会和进入新的市场的能力，包括问题解决能力、新商业机会判断能力、创业思维、创造性、风险管理能力等方面的维度。以下对这些维度进行评价。

5.1.3.1 问题解决能力

问题解决能力是指大学生在创新创业中解决商业和实践问题的能力。创业者需要快速识别问题，分析问题的原因、因果关系及其解决方案。创业过程中，可能会出现很多的难题和问题，针对这些难题和问题，大学生需要具有分析、把握实际情况的能力，并提出创新性的解决方案。评估问题解决能力的途径包括案例分析和面试等。

5.1.3.2 新商业机会判断能力

新商业机会判断能力是指大学生在创新创业中寻找新商业机会的能力。此类能力要求创业者通过对市场趋势的了解和分析、细致地调查和分析不同市场的金融概况等多方面，有效地寻找到新的商机。此外，新商业机会的创造需要与行业知识结合，利用自己的经验和想象力，从而发掘出未被发掘的、可持续的市场空间。评估新商业机会判断能力的途径包括创业计划书、商业计划书、面试等。

5.1.3.3 创业思维

创业思维就是要求创业者能够深入思考，通过不同的方式思考问题，从不同角度、线索、背景和状态中获取创新灵感，从而产生创新性的创业思维。创业思维还意味着能够从草根创业到领导地位的全过程，能够有效地解决由创业过程带来的不确定性、复杂性、高风险、复杂难题和市场抵制等。评估创业思维能力的途径包括参考成功创业案例、自我介绍、创业协作等。

5.1.3.4 创造性

创造性是指大学生在创新创业中发扬创造能力的优势。创业需要创新改变一个产品或一种服务的设计，创业者需要通过创造性的基础文化、行业背景、职业特长与爱好、环境洞察力等多个方面整合所有创造因素。同时，他们需要积极寻求并整合外部资源，如人力、经验等，以获取更好的创新成果。评估创造力的途径包括创业计划书、创业展示和面试等。

5.1.3.5 风险管理能力

创业者需要领导判断和管理市场上的不同类型和层次的风险。发展创业项目需要克服各种障碍和不可预见的因素，如统筹安排预算、运营等，以保证项目的稳定运行。因此，风险管理能力是指管理不同类型风险的能力。对于大学生而言，评估风险管理能力的途径包括商业计划书、模拟投资、风险管理策略展示等。

综上所述，创新能力评价维度涉及问题解决能力、新商业机会判断能力、创业思维、创造性和风险管理能力等方面。这些能力都是创业项目成功的关键，因此评估这些能力对于大学生创新创业发展至关重要。

5.1.4 社交能力

社交能力是指大学生在组建团队、与投资人、业界同行和客户等各种社交情景中发挥的能力。以下将对团队合作、社交网络建立、沟通能力、社交智能等维度进行评价。

5.1.4.1 团队合作

团队合作是指大学生在创新创业中组建团队、与他人协作、领导和激发人员等能力。在创建一个新的企业和产品时，团队合作是必不可少的。除了强大的技能，人员还需要具备一些精神素质，如沟通技能、理解和承担责任，以及敏锐的分析思维能力。评估团队合作能力的途径包括团队协作项目、面试等。

5.1.4.2 社交网络建立

社交网络建立是指大学生在创新创业过程中建立和维护联系的能力，如与创业伙伴、投资者、业界同行等在社交网络上建立联系。对于创业者而言，社交网络建立是很重要的，因为创业者可能需要各种不同的资源，如人脉、资金、市场知识等。另外，创业者还需要建立合适且有价值的关系，以提高他们的商业成功率。评估社交网络建立能力的途径包括面试、专业会议、人脉拓展等。

5.1.4.3 沟通能力

沟通能力是指大学生在创新创业过程中与其他人交流的能力，如员工、投资者、客户和其他业务合作伙伴等。创业需要建立和维护联系，而这需要大量与他人的沟通。创业者要能够清晰地传达信息，并且在人际交往中感到自信。评估沟通能力的途径包括面试、语言表述和看板展示等。

5.1.4.4 社交智能

社交智能是指大学生在创新创业过程中处理和利用信息的能力。比如，处理商业和社交问题时的思维策略、跨学科视野和与客户、合作伙伴互动中的反应速度等。这需要大量的衡量等实际的思考、讨论、交流和协调。评估社交智能的途径包括面试、案例分析等。

综上所述，社交能力评价维度包括团队合作、社交网络建立、沟通能力以及社交智能等方面。这些能力在创业过程中发挥着重要的作用，因此评估这些能力对于帮助大学生实现创新创业梦想至关重要。

5.2 大学生创新创业能力的影响因素

大学生创新创业能力的影响因素有诸多种,以下是其中几个较为主要的影响因素。

5.2.1 教育背景

教育背景影响因素十分复杂,充分体现了大学教育的本质和意义,而且对于促进大学生创新创业能力的提高起到了至关重要的作用。接下来将围绕大学生创新创业能力的教育背景影响因素展开,从专业设置、课程培训、学术研究和创新实践四个方面进行梳理和探讨。

5.2.1.1 专业设置

大学生所学的专业直接影响他们的创新创业能力的培养和发展。现代社会对大学毕业生的专业化要求越来越高,因此大学所设专业也需要更为专业化。在专业设置方面,应该根据市场需求、就业前景以及国家和社会的发展需要,科学合理地设置专业,加强创新创业相关领域的专业设置,如创业管理专业、创新设计专业、IT科技等。同时,还要建立与大学生创新创业需求相适应的培养机制和教育体系,培养人才和社会需求相适应的专业人才。

5.2.1.2 课程培训

大学的课程设置是影响大学生创新创业能力发展的关键因素之一。大学应该设置与创新创业相关的多元化课程,提高创新创业课程的深度和广度,如创意思维、营销策划、商业计划撰写等,促进大学生创新创业意识的增强,实现大学生知识与实践的有机结合。大学通过所设立课程培养大学生的创新创业能力和素质,同时也为大学生的创业实践提供了有力支撑。

5.2.1.3 学术研究

大学生在学术研究方面的积极性和成果也可以间接促进创新创业能力

的提高。学术研究虽然与创新创业看似不相关，但却是大学培养创新创业人才的重要支撑。在教育教学中，大学应该加强对学生科研意识和创新思维的培养和引导，让他们了解并深入掌握研究方法和技能，增强创新研究的能力，精通相关的技术和知识。这能够更好地培养大学生的自主创新能力和发展方向，从而提高大学生创新创业实践的水平和质量。

5.2.1.4　创新实践

创新实践是大学生创新创业能力发展的重要实现途径。大学要根据学生的实际需要，开展多层次、多形式的创新实践活动，包括创业讲座、创意竞赛、创业实践等，促进学生发挥创新精神和创业意识。同时，大学应该创造一个创新友好的环境，包括实验室、科研基地、科技园等。扩大大学生的实践和创新空间，支持大学生个人创新创业项目的开展和落地。在创新实践方面，大学生不断进行尝试、实践和改进，不断提升出色的创新创业能力。

综上所述，大学生创新创业能力的教育背景影响因素是多方面和多层面的。大学需要通过对专业设置、课程培训、学术研究和创新实践的不断努力和探索，为大学生创新创业能力的提升提供持续而有效的支持。这也可以帮助国家和社会培养更多、更好的创新创业人才，促进经济更快发展。

5.2.2　个人素质和特点

个人素质和特点对于大学生创新创业能力的发展和提升起着至关重要的作用。接下来，从个人素质和特点的角度，讨论大学生创新创业能力的影响因素。

5.2.2.1　自主创新的素质

自主创新已经成为现代社会发展的必需品，而自主创新的能力是大学生创新创业的核心之一。在人才培养上，大学应注重创新能力的培养，鼓励学生发挥创新精神，培养由学生自主开发成果、自主发掘新思维、自主开展实践的能力。自主创新的素质不仅仅是打破束缚与传统思维，更需要拥有敢于尝试、不屈不挠的韧性以及勇于创新的胆略。

5.2.2.2 团队协作的素质

创新创业是一个复杂与艰巨的过程。一个人的力量有限，而团队协作则可以发挥人才的优点和特长，并提高创新创业行动的效率。因此，大学生创新创业能力的发展需要团队协作的支持。团队中的每个人都应该具备开放、合作、理性的沟通能力，同时对自己和团队有高度的责任心，形成优异的团队之间的相互促进和支持。

5.2.2.3 领导能力的素质

在大学生创业前期，领导能力和组织协调能力对于创业团队的形成和运营至关重要。大学生创新创业应该具备良好的领导力素质。领导力是指能够提高组织效率的领导能力。大学生要发挥领导力必须具备较强的意志力和策略眼光，不仅能够深入了解市场需求，更要能够有效地协调和组织团队，打造高效的运营机制。

5.2.2.4 市场敏感性的素质

市场的变化永远是不可预知的。大学生创新创业的成功与否，有赖于对市场的敏感度。市场敏感性是判断和把握市场环境的能力，这是一个成功团队需要具备的核心素质。大学生创新创业需要掌握市场的信息和趋势，随时做好变化和调整的准备，从而更好地把握实际情况，更好地满足市场需求。

5.2.2.5 独立思考的素质

当面临困难时，大学生在创新创业实践中往往需要有独立思考的素质来解决问题。独立思考指的是能够独立反思、分析和评估事物的能力。大学生创新创业应该发扬"打破常规"的精神和勇气，勇于尝试新的或不同的思维方法和方向。此外，常常不遵循传统思维套路，秉持独立思考的精神也是优秀的大学生创新创业必备素质之一。

综上所述，大学生创新创业能力的个人素质和特点非常重要。对于大学生创新创业能力的培养和发展，需要大学在课程设置和教育教学中着重培养大学生的个人素质和特点，同时更加关注学生的实际需求，不断开拓新的创新创业场景和模式,大力支持大学生进行创新创业的实践和探索。

5.2.3 经验和知识储备

经验和知识储备对于大学生从事创新创业活动起着至关重要的作用。接下来,从经验和知识储备的角度,探讨大学生创新创业能力的影响因素。

5.2.3.1 实践机会和经验的积累

创新创业的道路充满坎坷,成功需要实践的磨炼和不断积累经验。大学生创业需要通过实践机会来积累经验,不断发掘实践的价值和意义。大学应该鼓励学生参加各种创业实践活动,如走访企业、参加创业比赛等,让学生身临其境,积累实践经验。

5.2.3.2 深厚的学科基础和学习网络

创新和创业需要有扎实的学科技能和知识储备,这需要在大学时期就打好技术基础,加强学科知识的学习。大学生应当在学习过程中注意积累专业知识和技术能力,如学习市场调查方法、财务管理和管理理念等,为日后的创新创业打下坚实的基础。

5.2.3.3 对市场和人才的敏感度

人才和市场的成熟是大学生创新创业的基础。市场和人才环境的变化使得成功的创新和创业越来越困难,因此大学生要积极关注市场和人才的发展趋势。他们应该多关注市场和行业的数据和信息,增强自己的市场意识和微观经济敏感度。同时,大学生也应该提高对人才的判断和选择能力,聚拢和培养更多的创新人才。

5.2.3.4 开放的思想和心态

大学生需要拥有一个开放、创新和包容的心态,也需要拥有勇于面对风险和失败的意志。只有敢于面对和接受新事物,才能不断地进行创新和尝试。同时,大学生也要对自己的缺点和不足,进行积极的反思和改进。

5.2.3.5 有效的合作机制和网络资源

创新创业需要多方资源的合作支持,大学生应该建立良好的资源合作平台和网络，参与学校创业平台、创业社团等，通过合作和分享，进一步提升自身创新突破的能力。

综上所述，大学生创新创业能力的经验和知识储备对于其创新创业活动的发展和提升至关重要。大学应该在课程设置、实践机会、学科基础培养、市场和人才意识的树立、开放心态的培养、合作机制和网络资源的建立等方面加强大学生创新创业能力的培养，让大学生掌握更多的创新思维和创新技能，为创新创业之路的成功铺平道路。

5.2.4 外部环境和市场需求

大学生的创新创业能力不仅取决于他们自身的素质和思维能力，还受到外部环境和市场需求等因素的影响。接下来，从外部环境和市场需求的角度，探讨大学生创新创业能力的影响因素。

5.2.4.1 政策环境和市场需求

政策环境和市场需求是大学生创新创业的外部环境影响因素。政府对创新创业的支持力度大，政策鼓励创新创业，实施税收优惠和财政支持等措施，创造了良好的政策环境。市场是企业创新和创业活动的舞台，需求是市场经济中的重要驱动力。只有满足市场需求，才能稳健地发展。政策环境和市场需求的变化将不断影响创新创业的方向和机会。

5.2.4.2 产业基础和科技条件

产业基础和科技条件是大学生创新创业的外部环境影响因素。现代科技和信息时代的到来，为创新和创业提供了前所未有的条件。特别是现代科技的不断进步和发展，为大学生创新创业活动提供了许多技术和商业革新的机会。通过行业基础的增强和产业政策的调整，不同领域的创新和创业的机会不断涌现。

5.2.4.3 创业平台和资源

创业平台和资源是大学生创新创业的外部环境影响因素。大学生需要通过创业平台和资源建立一种有利的助推机制，以更好地支持他们的创新创业活动。在这方面，学校的创业平台、创业俱乐部、行业相关单位和商业机构，都可以成为大学生创新创业的切入点。

5.2.4.4　创新和竞争环境

创新和竞争环境是大学生创新创业的外部环境影响因素。随着创新和竞争环境的不断变化，大学生需要持续不断地学习新的知识和技能，追踪市场和行业的变化，从而更加精心地思考如何推动创新，创造创业机会。

综上所述，大学生创新创业能力的外部环境和市场需求是影响大学生创新创业活动的重要因素。在政策环境和市场需求、产业基础和科技条件、创业平台和资源以及创新和竞争环境等方面，不断提升大学生创新创业能力，才能更好地刺激创新企业的发展，从而促进社会和经济的发展。

5.2.5　社会网络

大学生创新创业能力的发展离不开社会网络的支持，社会网络成为影响大学生创新创业能力的重要因素。接下来，将从社会网络的角度，探讨大学生创新创业能力的社会网络影响因素。

5.2.5.1　家庭社会网络

家庭是影响个体成长和发展的重要社会网络群体，也是大学生创新创业能力形成的重要来源。父母作为人生导师和思想引领者，最早对大学生创新创业思想进行引导，家庭社会网络会对大学生的创新创业意识和思想产生深远影响。同时，家庭背景、财富条件等因素也会影响大学生创新创业的发展。

5.2.5.2　同行业社会网络

同行业社会网络是创新和创业活动中的重要组成部分。同行业社会网络能够提供商业发展机会和有用的市场信息，给予大学生相关的创新创业指导和支持，推动他们进入创业领域。同行业社会网络也能提供市场伙伴、行业专家、技术专家和资金支持等资源，支持大学生创业的发展。

5.2.5.3　学校社会网络

学校社会网络是大学生创新创业能力的重要社会网络平台。学校的教师、教职工和校友等群体都可以成为大学生创新创业的帮助者。学校的创新创业教育和实践活动，能够为大学生提供很好的创新创业机会和沟通交流的平台。同时，学校社会网络也为大学生创业提供了丰富的资源支持，如资金、专业指导、市场信息等。

5.2.5.4 社会资本网络

社会资本网络是通过个人的社会关系提供资本资源和机会的网络。社会资本网络包括朋友、同学、邻居、同乡、业务伙伴和同行等群体。这些社会资本网络能为大学生提供人脉和资源支持，帮助他们创新创业。同时，社会资本网络还能促进大学生社交能力的提高和交际圈的不断扩大，更好地升华大学生创新创业的能力和水平。

综上所述，大学生的创新创业能力离不开社会网络的支持，社会网络成为影响大学生创新创业能力的重要因素。在家庭社会网络、同行业社会网络、学校社会网络和社会资本网络等方面，大学生需要不断地扩展自己的社会网络，并在社会网络中不断学习和发展。只有借助社会网络的力量，大学生才能更好地提升自己的创新创业能力，实现自身的价值提升。

5.2.6 风险承受能力

大学生作为创新创业的主力军，往往需要同时具备一定的风险承受能力。创新创业本身就是一种不确定性和风险性的行为，需要创业者具备承受和应对风险的能力。因此，接下来，从多个角度探讨大学生创新创业能力的风险承受能力影响因素。

5.2.6.1 家庭背景

家庭是大学生成长的重要场所，也是影响大学生创业风险承受能力的重要因素。家庭背景涉及家庭的经济状况、教育程度、家庭文化等方面，这些方面都会对大学生创新创业的风险承受能力产生影响。一般来说，家庭经济状况越好、家庭教育程度越高、家庭文化越支持创新创业，大学生的创新创业风险承受能力也就越强。因为这些因素可以让大学生充分获得家庭的情感支持和资源支持，尤其是在创新创业中遭遇风险时可以减弱心理压力和经济压力。

5.2.6.2 性格特质

性格特质是影响大学生创新创业风险承受能力的重要因素。大学生的风险承受能力和性格特质相关，如个体是否具备探索精神、创新意识、自我效能感等特质都会影响大学生的创业风险承受能力。大学生有强烈的探索精神、创新意识和自我效能感，就能够积极应对创业过程中的挑战和风险，从而更容易取得成功。

5.2.6.3 教育背景

教育背景是影响大学生创新创业风险承受能力的重要因素。大学生的创新能力和创业风险承受能力与其所接受的教育背景密切相关。在校期间，一些大学生可以通过参与创新创业课程、实习、竞赛等方式，积累创新创业经验和技能，提升创新创业风险承受能力。同时，教育背景也包括对风险的认知和理解程度，正确的风险认知可以让大学生更好地在创新创业过程中预防和应对风险。

5.2.6.4 社会网络

社会网络是影响大学生创新创业风险承受能力的另一个重要因素。社会网络能够给大学生提供资源、信息和支持等多方面的帮助，特别是在创新创业过程中遭遇风险时给予大学生积极的支持和鼓励，增强大学生的创业信心和风险承受能力。因此，建立良好的社会网络和引导大学生积极利用社会网络资源，对促进大学生创新创业风险承受能力具有重要意义。

综上所述，大学生的创新创业风险承受能力受多种因素的影响。家庭背景、性格特质、教育背景和社会网络等多重因素都会直接或间接地对大学生的创新创业风险承受能力产生影响。大学生可以通过自我提升、积累经验、建立合理的社会网络等方式来提高创业风险承受能力，并积极推动自己的创新创业。

结　语

本书通过对创业能力相关文献的研究，基于时代背景和主要特征及评价维度，界定了大学生创新创业能力定义及内涵，并提出了教育培养视域下的大学生创新创业能力现实方向。在理论分析的基础上，指出面向发展的大学生创新创业价值观塑造，明确大学生创新创业价值观塑造在能力培养中的必要性以及主要维度，并剖析大学生创新创业价值观需解决的现实困境。为解决目前培养大学生创新创业能力中存在的现实困境，进一步就理想信念下的大学生创新创业能力培养的基本路径展开分析。构建大学生创新创业教育的教学体系，最终实现对大学生创业能力各维度的培养过程。经过上述研究过程，本书得到如下研究结论：

第一，对大学生创业和其他创业之间的本质差异进行了解释，将大学生创业界定为：具有一定专业知识、技能的高素质劳动者（个人或团队），运用已有的技术或创新技术，来创造或抓住机遇，建立新的经济组织，或以新的生产经营模式来完成服务或生产的过程，从而达到创造新的价值的目的。大学生创新创业能力的特征是被动性、脆弱性以及模块性。被动性是指大学生创业能力是不确定的，具有一定的不稳定性；脆弱性是指大学生创业能力一旦受到外界因素影响，其自身的优势就会减弱甚至消失，甚至会丧失原有的能力；模块性是指大学生创业能力具有可分性。

第二，提出教育培养视域下的大学生创新创业能力现实方向。对大学生创新创业能力主要内容展开分析，使当代大学生能够具备科学决策能力，能够对创业方向做出正确的决策；具备运行管理能力，能够在创业过程中做好企业管理，保障企业的稳定运行；具备专业技术能力，能够运用专业的技术能力解决企业的核心问题；具备交往协调能力，对企业的发展方向进行科学的分析、判断与决策；具备临机决断能力，能够对决策进行分析与评估，并及时做出正确的调整；具备市场感知能力，能够感知市场的变化与风险。同时，促进大学生具备新时代创业者的特性，更好地适应社会发展的需求。

第三，塑造大学生创新创业价值观，这对于大学生创新创业能力的培养十分必要，使大学生能够具有家国情怀、敢于探索、勇于奋斗、崇尚劳动以及具有创造大美的精神境界。调整现有过程中存在的困境，加强对大学生专业实训和创业实践双方面的指导和服务，实现对大学生创新创业能力的培养。

第四，构建大学生创新创业能力的优化路径。首先，推进大学生创新创业扶持力度的升级，使大学生创新创业项目在新时代背景下得到基本的保障。其次，构建专业背景下的创新创业提升路径，使大学生创新创业项目能够在专业背景下得到充分发挥。在此基础上，进一步优化创新创业的能力考评机制，使大学生创新创业项目能够得到充分的展示，并依托专业优势开展相关评价，从而使大学生创新创业项目在专业背景下获得更大发展。最后，开展科研立项激发大学生创新创业潜能，形成系统的创新创业教育体系，为大学生创新创业项目的顺利开展提供平台，使大学生创新创业项目得到有效发展。

综上所述，对大学生创新创业能力进行培养的相关研究，已经逐渐变成创业教育研究领域中的一个热门话题，它越来越受到国家、社会与高校的关注，也是高校乃至社会各界急需解决的问题。本书可以对培养和支持创新创业人才提供理论基础，期望能够给这一方面的工作带来一些启迪，并在今后的工作中进一步拓展和完善。

参考文献

[1] 田兰. 社会支持体系与大学生创业能力提升的途径研究 [J]. 四川劳动保障, 2023 (4): 54-55.

[2] 李红艳. 培养大学生创业能力的困境与对策思考 [J]. 就业与保障, 2023 (4): 115-117.

[3] 王茵茵, 蔡文娟, 李春鹏, 等. 福建省泉州市大学生创新创业能力的总体评价及提升策略 [J]. 内江科技, 2023, 44 (4): 44-45, 66.

[4] 李明月, 安妮, 华玲. 绿色发展理念与大学生创新创业能力融合研究 [J]. 科技创业月刊, 2023, 36 (4): 134-136.

[5] 向艺茹. 我国大学生创新创业能力提升研究：评《大学生创业成功率与能力素质建设》[J]. 广东财经大学学报, 2023, 38 (2): 117-118.

[6] 杨富国, 宋宪强, 潘兆琪, 等. 大学生创新创业能力培养的路径研究与实践 [J]. 科技风, 2023 (11): 92-94.

[7] 付滢, 徐晓英, 吴海波, 等. 高校大学生创业能力培养路径研究 [J]. 江西中医药大学学报, 2023, 35 (2): 106-110.

[8] 余金永, 李玉琴, 甘新泉. 信息化背景下大学生创新创业能力提升的研究 [J]. 科技资讯, 2023, 21 (7): 223-226.

[9] 李佐峰. 乡村振兴战略背景下大学生创业能力培养机制的反思 [J]. 现代农业研究, 2023, 29 (3): 84-86.

[10] 蒋璐. 产教融合视角下提高大学生创新创业能力的路径 [J]. 产业创新研究, 2023 (4): 184-186.

[11] 包佳琨. 基于工匠精神探究大学生创新创业能力培育中传统文化的渗透 [J]. 国际公关, 2023 (4): 152-154.

［12］包建平，张锐，潘志勇，等．园艺专业大学生创业能力培养的探究［J］．科技风，2023（6）：59-61．

［13］廖芳，甘泉．协同学视域下高校大学生创新创业能力培育机制探赜［J］．国际公关，2023（3）：164-166．

［14］吴雪．大数据背景下大学生创新创业能力培养路径探析［J］．吉林农业科技学院学报，2023，32（1）：37-40，49．

［15］魏晨．就业指导对大学生创新创业能力的干预效果［J］．黑龙江科学，2023，14（1）：124-126．

［16］郭玮．教育现代化与大学生创新创业能力培养研究［J］．科教导刊，2023（3）：4-7．

［17］程玮，段立．大学生创业能力状况及其影响因素实证分析［J］．高教学刊，2023，9（2）：41-44．

［18］陈健俤．创建基于"四力提升"的大学生创新创业能力培育新模式［J］．中国多媒体与网络教学学报（上旬刊），2023（1）：151-154．

［19］高轶鹏．大学生创新创业能力培养模式研究［J］．长春工程学院学报（社会科学版），2022，23（4）：99-102．

［20］常江．新媒体平台培育大学生创业能力的路径探析：以抖音为例［J］．科技创业月刊，2022，35（12）：129-132．

［21］王莉静，田子欣．面向实践的创新创业能力培养与新工科专业融合探索：以"互联网+"大学生创新创业大赛为例［J］．西部素质教育，2022，8（23）：74-77．

［22］宋柏红，季秋辰．大学生创新创业能力评价指标体系的构建研究［J］．创新创业理论研究与实践，2022，5（22）：185-188．

［23］张春晖．创新素能导向下的大学生创业能力培养与提升［J］．营销界，2022（21）：155-157．

［24］赵源，宋欢，邱海鑫，等．创业培养环境对大学生创业能力的影响：创造力自我效能的中介作用［J］．内江师范学院学报，2022，37（10）：18-23．

［25］邓岩，陈燕娟．服务区域创新发展的大学生创业教育模式改进

[J]．创新创业理论研究与实践，2022，5（19）：182-187．

[26] 张小远，王华，崔源．基于主动性人格的大学生创业能力培育研究[J]．太原城市职业技术学院学报，2022（9）：97-99．

[27] 周佳慧，魏威岗．基于校企合作视域的大学生创业能力培养研究[J]．职业教育（中旬刊），2022，21（9）：44-45．

[28] 王文珺．大学生创业能力培养的瓶颈问题分析[J]．产业与科技论坛，2022，21（17）：235-236．

[29] 李雨洋，李巍．高职院校大学生创业能力的结构维度及提升策略[J]．创新与创业教育，2022，13（4）：88-94．

[30] 朱琦．产业兴旺背景下大学生创业能力转化研究[J]．产业创新研究，2022（14）：187-189．

[31] 黄荣喜．基于创业实践基地的大学生创业能力培养研究：以广西农业职业技术学院为例[J]．轻工科技，2022，38（4）：82-84．

[32] FANG LIDE, MENG WEIHUA, WEI ZIHUI, et al. Problems and solutions in the cultivation of undergraduate innovation and entrepreneurship ability [J]. Education journal, 2022, 11 (4) .

[33] 程玮，黄天林．大学生创业能力自评量表的信效度检验研究[J]．大学教育，2022（7）：217-219，233．

[34] LIANG ZHENGHAN. The application of rehabilitation therapy occupational competency evaluation model in the improvement of college students' innovation and entrepreneurship [J]. Occupational therapy international，2022，(2022)：1-12．

[35] 李梦．疫情防控背景下高校大学生创业能力提升策略分析[J]．黑龙江科学，2022，13（9）：49-51．

[36] 司丽娜，刘贝贝．基于胜任力模型的大学生创业能力培养机制研究[J]．创新创业理论研究与实践，2022，5（10）：138-140．

[37] 吴越．高职院校大学生创业能力提升策略研究[J]．黑龙江人力资源和社会保障，2022（9）：137-139．

[38] 李寒佳．高职院校残疾学生就业社会支持体系的构建研究[J]．

电脑爱好者（普及版），2021（10）：403-404.

[39] 李寒佳."工学结合"模式下高职学生管理创新略论 [J]. 电脑爱好者，2020（3）：461-462.

[40] 龙雯. 新时代职业教育人才培养"湖湘工匠"精神与创新创业教育高效融合研究 [J]. 知识经济，2023，634（6）：166-168.

[41] 龙雯. 如何提高大学生创业法律基础的能力 [J]. 法制博览，2018（3）：184.

[42] 龙雯."诊改"理念下的高职院校人才培养工作状态数据应用探索 [J]. 创新创业理论研究与实践，2020，3（11）：144-145.